JN197719

現場の疑問に答える
会計シリーズ④

Building a better
working world

Q&A
研究開発費・ソフトウェアの会計実務

EY新日本有限責任監査法人［編］

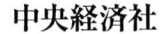

中央経済社

発刊にあたって

　日本企業を取り巻く経済情勢は，グローバル化のさらなる進展とともに，各国間の貿易問題，人口減少等のさまざまな問題が発生し，難しいかじ取りが必要な時代となっています。

　一方，企業会計の分野においては，国際会計基準（IFRS）の任意適用企業が2019年6月現在で180社を超えるなど，会計の国際化が進展しています。日本の会計基準においても「収益認識に関する会計基準」が企業会計基準委員会より2018年3月に公表され，2021年4月1日以降開始する事業年度より全面適用されることになるなど，国際会計基準および米国会計基準とのコンバージェンスが進んでいます。

　このような中，EY新日本有限責任監査法人は，「現場の疑問に答える会計シリーズ」を刊行することとしました。本シリーズは棚卸資産，固定資産，金融商品，研究開発費・ソフトウェア，退職給付，税効果，純資産，組織再編等の各テーマにおける会計論点を全編Q＆A形式で解説し，基本的な論点から最新の会計論点，実務で問題となる事項までわかりやすく説明しております。また，各巻に巻末付録として「IFRSとの差異一覧」と「Keyword」を設けて読者の皆様の便宜に供しております。

　本「現場の疑問に答える会計シリーズ」はEY新日本有限責任監査法人の監査現場の経験が豊富な公認会計士が執筆しております。本シリーズが各企業の経理担当者の方々，また，広く企業会計を学ぼうとしている方々のお役に立つことを願っております。

2019年7月

EY新日本有限責任監査法人

理事長　片倉　正美

はじめに

　本書では，主に研究開発費等およびソフトウェアに関する会計実務を取り扱っています。

　我が国は技術立国であり，研究開発活動が重要な投資情報として注目されています。また，研究開発活動が含まれるソフトウェアの制作についても，ITの発展に伴い，年々高度化している状況です。

　そのため，本書では，研究開発活動に関する会計処理を明らかにした上で，ソフトウェア制作費の会計処理を制作目的別に解説しています。

　また，近年，システム運用コストの削減や業務改善の観点から，クラウドサービスの利用が増加しています。本書では，クラウドの概要と，その会計処理についても解説しています。

　さらに，ソフトウェアは無形の資産であり，その特性から，特に収益認識について留意すべき点が多くなります。そのため，本書では，ソフトウェアの収益認識に関する会計処理について大きく取り上げています。特に，受注制作のソフトウェアに関しては，工事契約の一形態として，工事進行基準の採用が求められる点が特徴的となります。

　また，2022年3月期からは，「収益認識に関する会計基準」等が原則適用となり，収益認識に関する考え方が再整理されることとなるため，ソフトウェア産業において想定される影響および関連論点について記載しています。

　その他，企業結合会計，固定資産の減損会計等の関連論点や開示上の論点についても取り扱っています。

　このように，本書は研究開発費等およびソフトウェアに関する論点が網羅されており，内容は非常に多岐にわたるものの，Q&A形式を採用することにより，体系化しつつコンパクトにまとめている点が特徴となります。

　本書では最新の制度動向までアップデートしていますので，巻末に用意した「IFRSとの差異一覧」や「Keyword」も含めて，実務にお役立ていただければ

と思います。本書が経理実務に携わる皆様の必携の書となれば，執筆者として望外の喜びです。

　2019年7月

EY新日本有限責任監査法人

執筆者一同

目　次

第4章　市場販売目的のソフトウェア

第5章　受注制作のソフトウェア

第 6 章 新収益認識会計基準導入の影響

第 7 章　特殊論点

第 8 章　開　　　示

巻末付録

凡例

法令，会計基準等の名称	略　称
財務諸表等の用語，様式及び作成方法に関する規則	財規
連結財務諸表の用語，様式及び作成方法に関する規則	連規
中間財務諸表等の用語，様式及び作成方法に関する規則	中財規
中間連結財務諸表の用語，様式及び作成方法に関する規則	中連規
四半期財務諸表等の用語，様式及び作成方法に関する規則	四半期財規
四半期連結財務諸表の用語，様式及び作成方法に関する規則	四半期連規
会社計算規則	会計規
「企業会計原則」（企業会計審議会）	企業会計原則
「企業会計原則注解」（企業会計審議会）	企業会計原則注解
「研究開発費等に係る会計基準の設定に関する意見書」（企業会計審議会）	研究開発費等意見書
「研究開発費等に係る会計基準」（企業会計審議会）	研究開発費等会計基準
「研究開発費及びソフトウェアの会計処理に関する実務指針」（会計制度委員会報告第12号）	研究開発費等実務指針
「研究開発費及びソフトウェアの会計処理に関するQ&A」（会計制度委員会）	研究開発費等 Q&A
「情報サービス産業における監査上の諸問題について」（日本公認会計士協会）	情報サービス産業における監査上の諸問題
「ソフトウェア取引の収益の会計処理に関する実務上の取扱い」（実務対応報告第17号）	ソフトウェア収益実務対応報告
企業会計基準委員会「研究開発費に関する論点の整理」	研究開発費論点整理
「研究開発費等に係る会計基準」の一部改正（企業会計基準第23号）	研究開発費等会計基準の一部改正
「工事契約に関する会計基準」（企業会計基準第15号）	工事契約会計基準
「工事契約に関する会計基準の適用指針」（企業会計基準適用指針第18号）	工事契約適用指針
「棚卸資産の評価に関する会計基準」（企業会計基準第9号）	棚卸資産会計基準

「繰延資産の会計処理に関する当面の取扱い」（実務対応報告第19号）	繰延資産実務対応報告
「企業結合に関する会計基準」（企業会計基準第21号）	企業結合会計基準
「企業結合会計基準及び事業分離会計基準に関する適用指針」（企業会計基準適用指針第10号）	企業結合・事業分離適用指針
「固定資産の減損に係る会計基準」（企業会計審議会）	減損会計基準
「固定資産の減損に係る会計基準の適用指針」（企業会計基準適用指針第6号）	減損会計適用指針
「会計上の変更及び誤謬の訂正に関する会計基準」（企業会計基準第24号）	過年度遡及会計基準
「会計上の変更及び誤謬の訂正に関する会計基準の適用指針」（企業会計基準適用指針第24号）	過年度遡及適用指針
「収益認識に関する会計基準」（企業会計基準第29号）	新収益認識会計基準
「収益認識に関する会計基準の適用指針」（企業会計基準適用指針第30号）	新収益認識適用指針
「セグメント情報等の開示に関する会計基準」（企業会計基準第17号）	セグメント情報等会計基準
「セグメント情報等の開示に関する会計基準の適用指針」（企業会計基準適用指針第20号）	セグメント情報等適用指針
「金融商品に関する会計基準」（企業会計基準第10号）	金融商品会計基準
「金融商品会計に関する実務指針」（会計制度委員会報告第14号）	金融商品会計実務指針
「四半期財務諸表に関する会計基準」（企業会計基準第12号）	四半期会計基準
法人税法	法法
法人税法施行令	法令
法人税基本通達	法基通
減価償却資産の耐用年数等に関する省令	耐令
耐用年数の適用等に関する取扱通達	耐通

第1章

会計基準の概要

Point

研究開発費等に係る会計基準は，企業が行う研究開発およびソフトウェアの制作について適用されます。

- ソフトウェア制作費は，制作目的に応じて処理方法が設定されています。
- ソフトウェア制作費のうちどの部分が研究開発費として費用処理され，どの部分がソフトウェアとして資産計上されるかを理解することがポイントとなります。

Q1-1 会計基準設定の趣旨

Q	研究開発費等に係る会計基準の制度趣旨，目的，対象範囲を教えてください。
A	企業の研究開発に関する適切な情報提供，企業間の比較可能性および国際的な調和の観点から，研究開発費等会計基準が整備されました。 ソフトウェアの制作に関しても，研究開発費と同様に，制作過程における研究開発の範囲を明らかにしつつ，ソフトウェア制作費全体の会計処理の設定がされました。 研究開発費等に係る会計基準は，企業が行う研究開発およびソフトウェアの制作について適用されます。

解　説

　研究開発費は企業の将来性を左右する重要な要素であると同時に，近年その広範化・高度化から相当の支出規模となっており，企業活動における重要性が一層増大しているため，重要な投資情報として位置付けられています。

　同様に，研究開発に当たる活動を含んだソフトウェアの制作活動についてもその重要性が高いことから，研究開発費とともに会計基準が制定されています。

　加えて，我が国の会計基準では明確にされていなかった情報サービス産業における収益認識基準についても，近年の数々の不適切な会計処理の顕在化の影響を受け，より詳細な基準が制定されています。

　研究開発費・ソフトウェアの会計処理に関する主な会計基準は，図表1-1のように公表されています。

| 図表１-１ | 研究開発費・ソフトウェアの会計処理に関する主な会計基準 |

年　月	会計基準	公表主体
平成10年３月13日	「研究開発費等に係る会計基準の設定に関する意見書」および「研究開発費等に係る会計基準」	企業会計審議会
平成11年３月31日（改正：平成23年３月29日，最終改正：平成26年11月28日）	研究開発費及びソフトウェアの会計処理に関する実務指針（会計制度委員会報告第12号）	日本公認会計士協会
平成11年９月29日（改正：平成23年３月29日，最終改正：平成26年11月28日）	研究開発費及びソフトウェアの会計処理に関するQ＆A	日本公認会計士協会
平成17年３月11日	情報サービス産業における監査上の諸問題について（IT業界における特殊な取引検討プロジェクトチーム報告）	日本公認会計士協会
平成18年３月30日	ソフトウェア取引の収益の会計処理に関する実務上の取扱い（実務対応報告第17号）	企業会計基準委員会
平成19年12月27日	研究開発費に関する論点の整理	企業会計基準委員会
平成20年12月26日	「研究開発費等に係る会計基準」の一部改正（企業会計基準第23号）	企業会計基準委員会

Q1-2 研究開発の定義

Q	研究開発の定義について教えてください。
A	研究開発費等会計基準の「1 研究及び開発の定義について」では，研究および開発は以下のように定義されています。 研究とは，新しい知識の発見を目的とした計画的な調査および探究をいいます。 開発とは，新しい製品・サービス・生産方法（以下「製品等」といいます）についての計画もしくは設計または既存の製品等を著しく改良するための計画もしくは設計として，研究の成果その他の知識を具体化することをいいます。 例えば，製造現場で行われる改良研究であっても，それが明確なプロジェクトとして行われている場合には，開発の定義における「著しい改良」に該当するものと考えられます。なお，製造現場で行われる品質管理活動やクレーム処理のための活動は研究開発には含まれないと解されます。

解 説

　企業の活動が「研究開発」に該当するか否かは，その活動内容によって実質的に判断されるものですが，新規の製品・サービスを生み出す行為だけでなく，「著しい」改良も「研究開発」に該当するものとされています。

　結果として，著しいと判断できない改良・改善などを行う活動は，「研究開発」に該当しません。

Q1-3　ソフトウェアの定義・範囲

Q	ソフトウェアの定義および範囲について教えてください。
A	ソフトウェアとは，コンピュータを機能させるように指令を組み合わせて表現したプログラム等をいいます（研究開発費等会計基準一）。また，ソフトウェアとは，コンピュータ・ソフトウェアを指し，その範囲は以下のとおりとなります（研究開発費等実務指針6）。 ① コンピュータに一定の仕事を行わせるためのプログラム ② システム仕様書，フローチャート等の関連文書

解 説

　ソフトウェアの概念・範囲としてはさまざまな考え方がありますが，企業会計上のソフトウェアの定義としては上述したものとなります。会計上，ソフトウェアには，システム仕様書，フローチャート等の関連文書が含まれます。

　なお，ソフトウェアとコンテンツとは別個の経済価値をもつものと考え，また，それぞれの会計慣行があることから，ソフトウェアにコンテンツを含めないことが明らかにされています。

　コンテンツとは，データベースソフトウェアが処理対象とするデータや，映像・音楽ソフトウェアが処理対象とする画像・音楽データ等，処理対象となる電子データである情報の内容をいいます。

　ソフトウェアとコンテンツは，原則として別個のものとして会計処理しますが，ソフトウェアとコンテンツが経済的・機能的に一体不可分と認められるような場合には，両者を一体として取り扱うことも認められています。コンテンツは，その性格に応じて関連する会計処理慣行に準じて処理します。

Q1-4　ソフトウェア制作費の処理方法

Q	ソフトウェア制作費のうち研究開発費として費用処理される部分とソフトウェアとして資産計上される部分について教えてください。
A	ソフトウェア制作費は，制作目的に応じて処理方法が設定されています。 ① 市場販売目的のソフトウェアの制作費については，販売の意思が明らかにされた製品マスター（「最初に製品化された製品マスター」）の完成時点までに発生した費用は研究開発費として処理します。製品マスターまたは購入したソフトウェアの機能の改良・強化を行う制作活動のための費用は，原則として資産に計上します。ただし，著しい改良と認められる場合は，著しい改良が終了するまでは研究開発の終了時点に達していないこととなるため，研究開発費として処理します。 ② 自社利用のソフトウェアについては，将来の収益獲得または費用削減が確実と認められる場合は，無形固定資産として資産計上し，確実であると認められない場合または確実であるかどうか不明な場合には，費用処理します。

解　説

　ソフトウェア制作費のうち，研究開発に該当する部分は，研究開発費として費用処理されます（研究開発費等会計基準三）。研究開発それ自体を直接の目的とするソフトウェアの制作費はもちろんのこと，研究開発目的以外のソフトウェアであっても，その制作が研究開発に該当するものであれば，研究開発費として費用処理されることとなります。

① 市場販売目的のソフトウェア制作費

　「新しい製品・サービス・生産方法についての計画若しくは設計又は既存の製品等を著しく改良するための計画若しくは設計として，研究の成果その他の知識を具体化すること」が研究開発の定義とされていることから，市場販売目的のソフトウェアの場合，製品番号を付すこと等により販売の意思が明らかにされた製品マスター，すなわち「最初に製品化された製品マスター」の完成時

点までの制作活動が研究開発と考えられます。これは，工業製品の研究開発との比較において，製品マスターの完成が，量産品の設計完了に相当するものと考えられるためです。

　市場販売目的のソフトウェアである製品マスターの制作費は，研究開発費に該当する部分を除き，資産として計上しなければなりません。ただし，製品マスターの機能維持に要した費用は，資産として計上することはできません（研究開発費等会計基準四2）。

　市場販売目的のソフトウェアの制作過程において，「最初に製品化された製品マスター」が完成する時点までの制作活動は研究開発とされるため，それまでに発生したコストは研究開発費として費用処理することになります。資産化の対象となるのは，その後に発生する，製品マスターまたは購入したソフトウェアの機能の改良・強化を行う制作活動のための費用等となります。この場合であっても，著しい改良と認められる場合には研究開発の要素を含むと考えられるため，研究開発の終了要件を満たさないものとして，発生コストは費用処理されます。また，バグ取り・不具合解消は，本質的には製品マスター完成前に行われるべきものであり，また改良・強化とは考えられないため，その活動によって生じたコストは費用処理されることとなります。

②　自社利用のソフトウェア制作費

　研究開発費等会計基準上，自社利用のソフトウェアであって，ソフトウェアを用いて外部へ業務処理等のサービスを提供する契約等が締結されている場合のように，その提供により将来の収益獲得が確実であると認められる場合には，適正な原価計算を行った上，当該ソフトウェアの制作費を資産として計上する必要があるとされています。他方，自社利用のソフトウェアであって，社内利用のソフトウェアの場合でも，完成品を購入した場合のように，その利用により将来の収益獲得または費用削減が確実であると認められる場合には，当該ソフトウェアの取得に要した費用を資産として計上する必要があるとされています（研究開発費等会計基準四3）。

　自社利用のソフトウェアについては，将来の収益獲得または費用削減の確実性の有無によって，資産計上の要否が決定されることとなります。すなわち，

自製か購入かで会計処理を変えるのではなく，当該ソフトウェアの利用により将来の収益獲得が確実，あるいは費用削減効果が確実である場合には資産として計上し，確実であると認められない場合または不確実である場合には，費用として処理する必要があります（研究開発費等意見書三3③)。

Q1-5　研究開発費に該当しないソフトウェア制作費の会計処理

Q	研究開発費に該当しないソフトウェア制作費に係る会計処理の概要について教えてください。
A	市場販売目的のソフトウェアについては，製品マスターまたは購入したソフトウェアの機能の改良・強化を行う制作活動のための費用は，原則として資産に計上します。 自社利用のソフトウェアについては，将来の収益獲得または費用削減が確実と認められる場合は無形固定資産に計上します。

解 説

　ソフトウェア制作費は，制作目的により将来の収益との対応関係が異なるため，自社で制作したか，外部から購入したかといった取得形態別ではなく，制作目的別に会計処理方法が異なります。

　研究開発目的のソフトウェア制作費は研究開発費として処理されることになります。研究開発目的以外のソフトウェア制作費についても，制作に要した費用のうち研究開発に該当する部分は研究開発費として処理します。

　研究開発費に該当しないソフトウェア制作費の範囲については，制作目的別に判断します。

　制作目的の区分は，まず，販売目的のソフトウェアと自社利用のソフトウェアに区分して，販売目的のソフトウェアを受注制作のソフトウェアと市場販売目的のソフトウェアに区分します。

| 図表 1 - 2 | 制作目的の区分 |

区 分 1	区 分 2
①販売目的のソフトウェア	①-1 受注制作のソフトウェア
	②-2 市場販売目的のソフトウェア
②自社利用のソフトウェア	

①-1　受注制作のソフトウェア

　請負工事の会計処理に準じて，工事進行基準または工事完成基準により会計処理します。

①-2　市場販売目的のソフトウェア

　最初に製品化された製品マスター，または購入したソフトウェアの機能を改良・強化した制作活動の費用は，原則として資産に計上します。ただし，著しい改良の場合には，著しい改良が終了するまでは，研究活動の終了時点に達していないことになるため，研究開発費として処理します。

②　自社利用のソフトウェア

　将来の収益獲得または費用削減が確実と認められる場合は，無形固定資産に計上し，確実であると認められない場合または確実であるか不明である場合には，費用として処理します。

　自社利用のソフトウェアに係る資産計上の開始時点は，将来の収益獲得または費用削減が確実であると認められる状況になった時点であり，そのことを立証できる証憑に基づいて資産計上の開始時点を決定します。

　自社利用のソフトウェアに係る資産計上の終了時点は，実質的にソフトウェアの制作作業が完了したと認められる状況になった時点であり，そのことを立証できる証憑に基づいて決定します。

Q1-6 ソフトウェアの収益認識に関する会計処理の概要

Q	「ソフトウェア取引の収益の会計処理に関する実務上の取扱い（実務対応報告第17号）」の概要について教えてください
A	情報サービス産業において，ソフトウェアの内容および状況を確認することの困難さや，ソフトウェアの開発をめぐる技術環境の高度化および多様化を背景として，いくつかの不適切な会計処理が指摘されていました。情報サービス産業におけるこのような問題に対処するために，情報サービス産業の中心的な取引であるソフトウェア取引の収益に関する会計処理について，会計基準等を踏まえた会計上の考え方を明らかにするとともに，実務上の留意事項を整理しています。

解 説

　平成17年3月に公表された「IT業界における特殊な取引検討プロジェクトチーム報告　情報サービス産業における監査上の諸問題について」を受けて，平成18年3月に実務対応報告第17号「ソフトウェア取引の収益の会計処理に関する実務上の取扱い」が公表されました。

　「ソフトウェア取引の収益の会計処理に関する実務上の取扱い」（以下「ソフトウェア収益実務対応報告」といいます）においては，主にソフトウェア取引についての収益認識の考え方，および収益の総額・純額表示についての考え方等が制定されています。

　対象としているソフトウェアは，市場販売目的のソフトウェアおよび受注制作のソフトウェアの2つです。自社利用のソフトウェアについても外部へのサービス提供目的である場合，収益認識の必要性には直面するものの，他の財貨・用益の提供時と認識の考え方は変わらないため，特に記載はありません。

　以下，それぞれのケースについて，ソフトウェア収益実務対応報告の概要を述べていきます。

　なお，平成30年3月30日に公表された「収益認識に関する会計基準」（企業会計基準第29号）の適用以降はソフトウェア収益実務対応報告ではなく，「収

益認識に関する会計基準」に従います。「収益認識に関する会計基準」については「第6章　新収益認識会計基準導入の影響」をご参照ください。

1．市場販売目的のソフトウェアの収益認識の考え方

　市場販売目的のソフトウェア取引の収益の認識であっても，大前提としては他の財貨・用益の提供時と同じく，実現主義に拠ることが必要です。ソフトウェア収益実務対応報告上も，無形固定資産の引渡しであるため，他の財貨・用益の提供時に比べて取引実在性等の確認が困難であるという点はあるものの，一般に仕様が確定していることから，納品が完了した時点で実質的に成果物の提供が完了したものとして収益認識するものとされています。また，ライセンス販売の場合は，ユーザーに対して仕様許諾が開始され，使用可能な状態となった時点で実質的な成果物の提供が完了したと考え，収益認識を行うとされています（ソフトウェア収益実務対応報告2(1)）。どちらの場合であっても，最終的にユーザーが利用可能な状況か否かが判断の材料となる点に留意しなければなりません。

2．受注制作のソフトウェアの収益認識の考え方

　市場販売目的のソフトウェアと異なり，受注制作のソフトウェアの場合は，特定のユーザー向けにオーダーメイドでソフトウェアを制作し，提供するものであるとの前提があることから，収益認識にあたっては納品だけでは不十分です。契約によって定められた機能を有していることをユーザーが検収し，完了確認することで収益の認識が行われることとなります（ソフトウェア収益実務対応報告2(1)）。

　なお，上記に関連して，平成19年12月に企業会計基準委員会から「工事契約に関する会計基準」（企業会計基準第15号）が公表され，受注制作のソフトウェアについても要件を満たした場合には工事進行基準が適用されます。

3．受注制作のソフトウェアの分割検収による収益認識

　受注制作のソフトウェアについて，フェーズごとに分割契約を行うような場合，従来はフェーズ間の金額や内容を調整することで収益計上を行うなど，実

態と乖離した不適切な会計処理が行われやすいという問題がありましたが，ソフトウェア収益実務対応報告では，分割検収が行われる場合の収益認識の要件を明確に定め，これを回避しています。①分割された契約単位（フェーズ）の内容が一定の機能を有する成果物の提供であり，②顧客（ユーザー）との間で，納品日，入金条件等について事前の取決めがあり，③当該成果物の提供が確認され，④その見返りとしての対価が成立している場合に収益認識が可能とされています（ソフトウェア収益実務対応報告2(3)）。

4．ソフトウェア取引の複合取引について

　ソフトウェアの販売形態は複雑となってきており，単にソフトウェアの使用許諾を行うのみではなく，これに付随するさまざまなサービス等を含んだ複合的な取引を行う場合が増えてきています。

　このような取引は，一般的に複合取引と呼ばれ，異なる種類の取引を1つの契約として締結しているものをいいます。こうした複合取引の場合，その構成要素それぞれについての収益認識の時点をどのように考えるか，問題が生じる場合があります。

　このような複合取引においては，契約上の対価を適切に分解することで，それぞれの財・サービスの内容に応じた収益認識を行うことが必要となります。ただし，複合取引であっても，主たる取引であるソフトウェアの使用許諾取引に付随して提供される取引については，複合取引であっても主たる取引であるソフトウェアの使用許諾取引の収益認識時点に一体として会計処理することは容認されます（ソフトウェア収益実務対応報告3）。

5．ソフトウェア取引の収益の総額表示について

　ソフトウェア取引においては，技術革新による取引の多様化・複雑化，製造や調達スキームの階層化などから，複数の企業を経由した取引が多くみられます。このような取引の中には，その企業自体が当該取引について在庫リスクや信用リスク，開発に伴う瑕疵担保リスクなどを負っておらず，また帳簿上取引が通過するのみであるなど，付加価値を増加させるような活動も行われていない場合があります。

　このような場合において，従来は収益および原価が総額で表示されることで結果的に利害関係者をミスリードする場合がありました。

　ソフトウェア収益実務対応報告ではこの点を明らかにし，このような複数の企業を経由した取引について，通常企業がその営業過程において負担すべきさまざまな仕入・販売に関するリスク（在庫リスクや信用リスク，瑕疵担保リスクなど）を負わずに物理的にも機能的にも付加価値の増加を伴わない取引である場合には，その収益を総額で表示することは適切ではないと考えられます。

Q1-7　コンテンツの会計処理

Q	ソフトウェアとコンテンツの相違と，コンテンツの会計処理について教えてください。
A	ソフトウェアがコンピュータに一定の仕事を行わせるプログラム等であるのに対し，コンテンツはその処理対象となる情報の内容となります。ソフトウェアについては，ソフトウェアに関する会計基準に従って会計処理します。コンテンツは，実態に応じて関連する会計処理慣行に従って会計処理することになります。

解　説

　ソフトウェアがコンピュータに一定の仕事を行わせるプログラム等であるのに対し，コンテンツはその処理対象となる情報の内容となります。コンテンツの例としては，データベースソフトウェアが処理対象とするデータや，映像・音楽ソフトウェアが処理対象とする画像・音楽データ等があります。ソフトウェアとコンテンツとは別個の経済価値をもつものであることから，会計基準ではコンテンツはソフトウェアに含めないこととしています（研究開発費等実務指針30）。

　したがって，ソフトウェアとコンテンツは，原則として別個のものとして会計処理することになります。しかし，ソフトウェアとコンテンツが経済的・機

能的に一体不可分と認められるような場合には，両者を一体として取り扱うことも認められています（研究開発費等Q＆A　Q8）。例えば，ゲームソフトのように一般的にソフトウェアとコンテンツが高度に組み合わされて制作されている場合において，両者を区分できるときには区分して会計処理をし，両者を明確に区分できないときにはその主要な性格がソフトウェアかコンテンツかを判断し，どちらかとみなして会計処理します。

　コンテンツは，実態に応じて関連する会計処理慣行に従って会計処理することになります。コンテンツの会計処理としては，無形固定資産に計上して利用可能期間にわたって償却するなどが考えられます。コンテンツを無形固定資産に計上している場合には，減価償却方法を注記することになります。

Q1-8　循環取引

Q	循環取引の問題点について教えてください。
A	循環取引は，売上や利益を水増しするために行う実体のない取引です。ソフトウェアは無形の資産であり，実在性を確かめることが困難なため，循環取引を行いやすい環境にあります。

解　説

　循環取引とは，ある会社を起点として取引が開始して，複数の会社を経由した後に起点となった会社に財やサービスが戻ってくる取引のことをいいます。循環取引は，実体のない取引であるため，実際には財やサービスの提供は行われず，書類上だけで売上や仕入が計上されます。循環取引を行う目的は，売上や利益を水増しすることにあります。

　ソフトウェアは，無形の資産であり，有形の資産とは異なり，外部から資産の実在性や内容を確かめることが難しく，開発作業の段階においても，企画・設計から完成に至るまで実質的に当事者間でプロジェクトが完結することが多いため，当事者以外は実在性や開発状況を確認することは難しい状況にありま

す。

　循環取引等は，経営者，あるいは特定の事業部門責任者等により意図的に仕組まれるため，正常な取引条件が整っているように見える場合が多く，具体的な特徴としては以下のようなことが挙げられます。

- 取引先が実在する
- 資金決済が実際に行われる
- 会計記録や証憑または在庫等の偽装が行われる

　重要な循環取引等を防止または発見する責任は，一義的には経営者にあるため，循環取引が行われないように内部統制を整備する必要があります。

Q1-9　制作途中のソフトウェア

Q	制作途中のソフトウェアの計上科目について教えてください。
A	制作途中のソフトウェアの制作費は，無形固定資産の仮勘定として計上します。

解説

　市場販売目的のソフトウェアの製品マスターの制作原価は，制作仕掛品については，ソフトウェア仮勘定などの勘定科目により，完成品については，ソフトウェアなどの勘定科目によって，無形固定資産として計上します。無形固定資産としての表示にあたっては，製品マスターの制作仕掛品と完成品を区分せずに一括してソフトウェアやその他当該資産を示す名称を付した科目としますが，制作仕掛品に重要性がある場合には区分して表示することが望ましいとされています。

Q 1-10　ソフトウェアの減価償却方法

> **Q**　ソフトウェアの減価償却方法について教えてください。
>
> **A**　無形固定資産として計上されたソフトウェアの減価償却については，その取得原価を当該ソフトウェアの性格に応じた方法により償却することが求められています。
> 市場販売目的のソフトウェアについては，合理的な償却方法の例として，見込販売数量に基づく方法，および見込販売収益に基づく方法があります。自社利用のソフトウェアについては，一般的には定額法による償却が多用されています。その際の耐用年数としては原則として5年以内の年数であることが要求され，5年を超える年数とするときには，合理的な根拠に基づく必要があります。

解 説

　無形固定資産として計上されたソフトウェアの減価償却について，会計基準上は，その取得原価を当該ソフトウェアの性格に応じた方法，すなわち見込販売数量に基づく償却方法やその他合理的な方法により償却することが求められています。ただし，その場合でも，毎期の償却額は残存有効期間に基づく均等配分額を下回ってはならないとされます（研究開発費等会計基準四5）。

　市場販売目的のソフトウェアについては，合理的な償却方法の例として，見込販売数量に基づく方法，および見込販売収益に基づく方法が掲げられています。これらの方法をとった場合でも，上述したように残存有効期間に基づく均等配分額を下回ってはならないため，いずれか大きい額を減価償却費として計上することとなります。なお，当初における販売可能な有効期間の見積りは原則として3年以内であり，3年を超える年数とするときには，合理的な根拠に基づく必要があります（研究開発費等実務指針18）。

　また，自社利用のソフトウェアについては，同じく合理的な減価償却の方法に基づくべきであるとされますが，一般的には定額法による償却が多用されています。また，その際の耐用年数としては原則として5年以内の年数であるこ

とが要求され，5年を超える年数とするときには，合理的な根拠に基づく必要があります（研究開発費等実務指針21）。なお，自社利用のソフトウェアでも，外部へのサービス提供を目的としたものなどの場合，見込販売収益に基づく償却がより合理的な場合には，これを採用することは否定されません（研究開発費等Q＆A23）。あくまで，企業が個々のソフトウェアの実態に即した償却方法を設定することが求められます。

Q1-11　企業結合の取得対価の一部を研究開発費に配分したときの会計処理

Q	企業結合において，取得企業が取得対価の一部を研究開発費等に配分したときの会計処理の概要について教えてください。
A	企業結合の結果として取得した無形資産が取得企業の利用目的からも研究開発活動の途中段階の成果にすぎず，これと関連するその後の追加的な社内の研究活動や開発活動による成果と組み合わせなければ生産活動や販売活動に利用できない場合の当該取得した無形資産を「仕掛研究開発」と呼びます。 企業結合により取得した仕掛研究開発は，研究開発費等会計基準ではなく，企業結合会計基準に従い会計処理を行うこととなります。

解　説

　企業結合の結果として取得した無形資産が取得企業の利用目的からも研究開発活動の途中段階の成果にすぎず，これと関連するその後の追加的な社内の研究活動や開発活動による成果と組み合わせなければ生産活動や販売活動に利用できない場合の当該取得した無形資産を「仕掛研究開発」と呼びます（研究開発費論点整理）。

　企業結合により取得した仕掛研究開発は，研究開発費等会計基準ではなく，企業結合会計基準に従い会計処理を行うこととなります。

　識別する資産について，企業結合会計基準では以下のように規定されていま

す。

> **【企業結合会計基準第28項】**
> 取得原価は，被取得企業から受け入れた資産及び引き受けた負債のうち企業結合日時点において識別可能なもの（識別可能資産及び負債）の企業結合日時点の時価を基礎として，当該資産及び負債に対して企業結合以後1年以内に配分する。

> **【企業結合会計基準第29項】**
> 受け入れた資産に法律上の権利など分離して譲渡可能な無形資産が含まれる場合には，当該無形資産は識別可能なものとして取り扱う。

> **【企業結合会計基準第101項】**
> 企業結合の取得対価の一部を研究開発費等に配分して費用処理する会計処理を廃止することとした。

　仕掛研究開発は，企業結合により取得する場合と買い入れにより取得する場合があります。仕掛研究開発を企業結合により取得したときは，資産として計上することができます。これに対して，仕掛研究開発を買い入れにより取得した場合は費用として処理する必要があります。

　企業結合により取得した仕掛研究開発の会計処理は，研究開発費等会計基準の会計処理と整合していません。これは，研究開発費の取扱いとの整合性よりも，企業結合により取得した他の資産との整合性を重視しているためです。

　また，無形資産として識別した仕掛研究開発について，適用指針では以下のように規定されています。

> **【企業結合・事業分離適用指針第367-3項】**
> 企業結合により受け入れた研究開発の途中段階の成果について資産として識別した場合には，当該資産は企業のその後の使用実態に基づき，有効期間にわたって償却処理されることとなるが，その研究開発が完成するまでは，当該無形資産の有効期間は開始しない点に留意する。

　仕掛研究開発を資産として計上した場合は，研究開発の終了後，使用の実態に応じて償却していくことになります。ただし，研究開発を継続し，取得後に支出した金額は，研究開発費等会計基準に従い発生時に費用として会計処理します。

第2章

研究開発費

Point

- 発生した費用が研究開発費に該当する場合は，発生時に費用として処理します。
- ソフトウェア制作費のうち，研究開発費に該当する部分も研究開発費として費用処理します。

Q2-1 研究開発費に含まれる原価要素

Q	研究開発費に含めることのできる原価の範囲について教えてください。
A	研究開発費には，研究開発のために費消されたすべての原価が含まれます。費消された原価は，企業内部の発生原価だけではなく，外部に研究を委託したり，外注した場合の原価も含まれます。

解 説

　研究開発費等会計基準には，研究開発費を構成する原価要素として以下のように規定しています。

> 二　研究開発費を構成する原価要素
> 　研究開発費には，人件費，原材料費，固定資産の減価償却費及び間接費の配賦額等，研究開発のために費消されたすべての原価が含まれる。

　企業の内部での発生原価だけでなく，研究開発を外部に委託する，あるいは外注する場合の原価も含まれます。
　また，研究開発費等会計基準注解には以下のような規定があります。

> （注1）　研究開発費を構成する原価要素について
> 　特定の研究開発目的にのみ使用され，他の目的に使用できない機械装置や特許権等を取得した場合の原価は，取得時の研究開発費とする。

　特定の研究開発目的にのみ使用され，他の目的に使用できない機械装置や特許権等を取得した場合の原価は，取得時の研究開発費となります

Q2-2　研究開発費に係る会計処理

Q	研究開発費の会計処理の概要について教えてください。
A	発生した費用が研究開発費に該当するかどうかを判断します。 研究開発費に該当する場合には発生時に費用として処理します。 ソフトウェア制作費のうち，研究開発に該当する部分も研究開発費として費用処理します。

解　説

　研究開発費の会計処理を行うためには，研究開発費に該当するかどうかを判断する必要があります。研究開発費等会計基準では，研究および開発を以下のように定義しています。

一　定義
　1　研究及び開発
　研究とは，新しい知識の発見を目的とした計画的な調査及び探究をいう。
　開発とは，新しい製品・サービス・生産方法（以下，「製品等」という。）についての計画若しくは設計又は既存の製品等を著しく改良するための計画若しくは設計として，研究の成果その他の知識を具体化することをいう。

　研究は，今までにはなかった新しい知識を発見するために行う計画的な活動です。計画的というのは，最終的な目標が明確であり，正式なプロジェクトとして行っているということです。開発は，形のない知識を具体化することであり，今までなかった製品等を生み出す場合と既存の製品等を改良し，新たな製品として生み出す場合がありますが，既存の製品等の改良は，マイナーチェンジではなく，大幅な改良であることが必要です。

　開発に該当するかどうかは，活動の内容で実質的に判断しなければならず，製品を製造する場所である製造現場であっても，明確なプロジェクトとして行われている場合は，開発に該当します。ただし，品質管理活動やクレーム処理のための活動は研究開発に含まれません。研究開発費等実務指針では，研究・開発の典型例および研究・開発に含まれない典型例が挙げられています。

研究・開発の範囲

2．「研究開発費等に係る会計基準」では，研究とは，「新しい知識の発見を目的
 とした計画的な調査及び探究」であり，開発とは，「新しい製品・サービス・生
 産方法（以下，「製品等」という。）についての計画若しくは設計又は既存の製
 品等を著しく改良するための計画若しくは設計として，研究の成果その他の知
 識を具体化すること」とされているが，これら研究・開発の典型例としては以
 下のものを挙げることができる。

① 従来にはない製品，サービスに関する発想を導き出すための調査・探究
② 新しい知識の調査・探究の結果を受け，製品化，業務化等を行うための活
  動
③ 従来の製品に比較して著しい違いを作り出す製造方法の具体化
④ 従来と異なる原材料の使用方法又は部品の製造方法の具体化
⑤ 既存の製品，部品に係る従来と異なる使用方法の具体化
⑥ 工具，治具，金型等について，従来と異なる使用方法の具体化
⑦ 新製品の試作品の設計・製作及び実験
⑧ 商業生産化するために行うパイロットプラントの設計，建設等の計画
⑨ 取得した特許を基にして販売可能な製品を製造するための技術的活動

研究・開発に含まれるか否かの判断及び含まれない典型例

26. 研究・開発の範囲については，活動の内容が実質的に研究・開発活動である
 か否かにより判断すべきと考えられる。その範囲は，従来製造又は提供してい
 た業務にはない，全く新たなものを生み出すための調査・探究活動や現在製造
 している製品又は提供している業務についての著しい改良を含んでいる。した
 がって，現在製造している製品や業務を前提とした場合に，著しいと判断でき
 ない改良・改善などを行う活動は，ここでいう研究・開発には該当しない。

　なお，研究・開発に含まれない典型例としては，以下のものを挙げることが
 できる。

① 製品を量産化するための試作
② 品質管理活動や完成品の製品検査に関する活動
③ 仕損品の手直し，再加工など
④ 製品の品質改良，製造工程における改善活動
⑤ 既存製品の不具合などの修正に係る設計変更及び仕様変更
⑥ 客先の要望等による設計変更や仕様変更
⑦ 通常の製造工程の維持活動
⑧ 機械設備の移転や製造ラインの変更
⑨ 特許権や実用新案権の出願などの費用
⑩ 外国などからの技術導入により製品を製造することに関する活動

　企業が行った活動が典型例にあるような研究や開発に該当する場合には，会計基準等で定められているとおり，発生時に費用として処理する必要があります。

　また，研究開発費には，人件費，原材料費，固定資産の減価償却費，間接費の配賦等，研究開発のために費消されたすべての原価が含まれます。

　研究開発費等会計基準では，研究開発費の処理を以下のように規定しています。

　三　研究開発費に係る会計処理
　　研究開発費は，すべて発生時に費用として処理しなければならない。
　　なお，ソフトウェア制作費のうち，研究開発に該当する部分も研究開発費として費用処理する。

　研究開発費は，発生時に費用として処理しなければなりません。研究段階では，研究が成功し収益が得られるかどうかがわからない状態であり，開発段階に至ったとしても依然として知識が具体化し，新しい製品等ができるかどうかわからず，収益の獲得に不確実性が残っているため資産計上することは妥当でなく，費用として処理する必要があると考えられています。

　また，仮に資産計上するとしても，資産計上の具体的な要件を決めることは困難であるため抽象的な要件とならざるを得ず，抽象的な要件では，実態が同じであったとしても企業間で資産計上か費用処理か，処理方法が相違することとなって，財務数値の企業間の比較可能性が損なわれるためです。

　ソフトウェア制作費についての規定があるのは，製品マスターの制作過程では，研究開発に該当すると考えられる部分と製品の製造に相当すると考えられる部分があり，それぞれの部分を明確にし，研究開発の終了時点を決定することが重要であるからです。

　ソフトウェア制作費のうち，研究開発に該当すると考えられる部分とは以下のとおりです。

---

①　市場販売目的のソフトウェア
- 最初に製品化された製品マスターの完成までの費用
- 製品マスターまたは購入したソフトウェアに対する著しい改良に要した費用
②　自社利用のソフトウェア
- 将来の収益獲得または費用削減が確実となる前までの費用

　工業製品の製造過程においては，設計が完了するまでの活動が研究開発活動と考えられ，設計完成までの費用を研究開発費として発生時に費用として処理しなければなりません。

　ソフトウェアの制作過程においては製品マスター（Ver.0）が完成するまでの活動が研究開発活動と考えられ，製品マスター（Ver.0）完成までの費用を研究開発費として発生時に費用として処理しなければなりません。

　工業製品とソフトウェアの製造過程において，研究開発活動に該当する部分を図示すると図表2-1および図表2-2のようになります。

図表2-1　　工業製品の製造過程

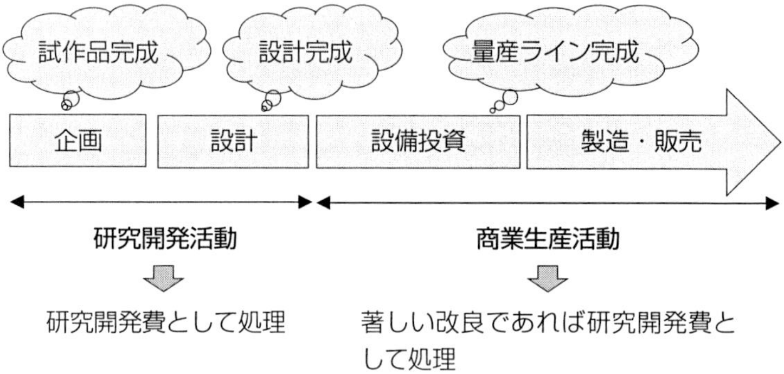

試作品完成　　設計完成　　量産ライン完成

| 企画 | 設計 | 設備投資 | 製造・販売 |

研究開発活動　　　　　　商業生産活動

研究開発費として処理　　著しい改良であれば研究開発費として処理

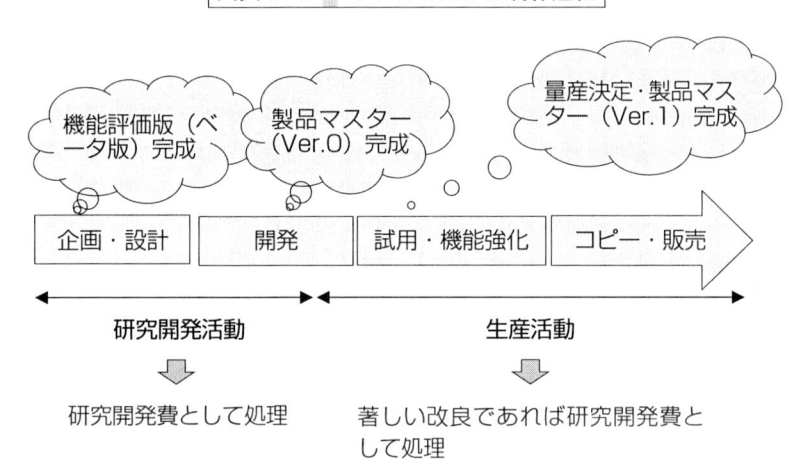

図表2-2　ソフトウェアの制作過程

Q2-3　開発費の会計処理

Q	研究開発費と開発費の相違と，開発費の会計処理について教えてください。
A	開発費は繰延資産として計上することができますが，開発費の中には，研究開発費等会計基準の対象となる研究開発費に該当するものがあります。研究開発費に該当する場合には，発生時に費用として処理します。

解 説

　研究開発費に類似するものとして開発費があります。開発費は繰延資産として計上することができる項目の1つです。繰延資産とは，将来の期間に影響する特定の費用で，次期以後の期間に配分して処理するために経過的に貸借対照表の資産の部に計上した勘定科目です（企業会計原則第三 一D）。

　繰延資産実務対応報告では，開発費は以下のように定められています。

> 3　会計処理
> 　(5)　開発費の会計処理
> 　開発費は，原則として，支出時に費用（売上原価又は販売費及び一般管理費）として処理する。ただし，開発費を繰延資産に計上することができる。この場合には，支出のときから5年以内のその効果の及ぶ期間にわたって，定額法その他の合理的な方法により規則的に償却しなければならない。
> 　開発費とは，新技術又は新経営組織の採用，資源の開発，市場の開拓等のために支出した費用，生産能率の向上又は生産計画の変更等により，設備の大規模な配置替えを行った場合等の費用をいう。ただし，経常費の性格をもつものは開発費には含まれない。
> 　なお，「研究開発費等に係る会計基準」の対象となる研究開発費については，発生時に費用として処理しなければならないことに留意する必要がある。
> （会計処理の考え方）
> 　本実務対応報告では，開発費を支出時に費用として処理しない場合には，これまでと同様，繰延資産に計上することとした。

　開発費の効果の及ぶ期間の判断にあたり，支出の原因となった新技術や資源の利用可能期間が限られている場合には，その期間内（ただし，最長で5年以内）に償却しなければならない点に留意する必要があります。

　開発費とは，新技術または新経営組織の採用，資源の開発，市場の開拓等のために支出した費用，生産能率の向上または生産計画の変更等により，設備の大規模な配置替えを行った場合等の費用をいいます。ただし，経常費の性格をもつものは開発費には含まれません。

　開発費は，経常的な費用以外で以下の費用をいいます。

> ①　新技術採用のために支出した費用
> ②　新経営組織採用のために支出した費用
> ③　資源の開発のために支出した費用
> ④　市場の開拓のために支出した費用
> ⑤　生産能率向上または生産計画変更等による設備の大規模な配置替えの費用

　開発費は，原則として，支出時に費用（売上原価または販売費及び一般管理費）として処理します。ただし，開発費として繰延資産に計上することができます。繰延資産として計上した場合は，支出のときから5年以内の効果が及ぶ期間にわたり，定額法その他の合理的な方法により規則的に償却する必要があ

ります。

なお，研究開発費等会計基準の対象となる研究開発費は，発生時に費用として処理する必要があります。

研究開発費等会計基準の対象となる研究開発費との対応関係は，以下のようになります。

①新技術採用のために支出した費用	研究開発費に該当する場合がある
②新経営組織採用のために支出した費用	研究開発費に該当しない
③資源の開発のために支出した費用	研究開発費等会計基準の適用範囲外
④市場の開拓のために支出した費用	研究開発費に該当しない
⑤生産能率向上または生産計画変更等による設備の大規模な配置替えの費用	研究開発費に該当しない

第 3 章

自社利用のソフトウェア

Point

- 自社利用のソフトウェアには，社内において業務を効果的・効率的に遂行するために利用されるソフトウェアだけでなく，契約等に基づいて第三者に対してサービスを提供する際に利用するソフトウェアも含まれます。
- 自社利用のソフトウェアの会計処理においては，将来の収益獲得または費用削減が確実と認められるか否かが重要な判断ポイントとなります。

Q3-1 定　義

Q	自社利用のソフトウェアとは，どのようなものを指すのでしょうか。
A	外部への情報・業務処理サービスの提供または社内業務の効果的・効率的な遂行を目的として，外部から購入または自社で制作したソフトウェアを指します。

解　説

1．自社利用のソフトウェアの定義

　自社利用のソフトウェアについては，研究開発費等会計基準および研究開発費等実務指針のいずれにおいても，明確な定義はされていません。しかしながら，資産計上を行う場合の一般的な例が示されており，これらの例示より自社利用のソフトウェアの範囲を明らかにすることとなります。具体的には，目的別に以下のように分類されます。

(1)収益獲得目的のソフトウェア	契約等に基づき，第三者に対してサービスを提供する際に利用するソフトウェア
	(例) ①インターネットを利用してデータファイルを送受信するための通信ソフトウェア ②会計処理や税務申告を外部から受託する際に利用するための財務会計システムおよび税務申告ソフトウェア ③クラウドサービスに提供されるソフトウェア
(2)社内利用（費用削減）目的のソフトウェア	社内において業務を効果的・効率的に遂行するために利用されるソフトウェア
	(例) ①財務会計システム，給与計算システム等の管理業務系システム ②販売管理システム，生産管理システム等の基幹業務系システム

┌───┐
│ ▶ここ注意！
│
│　自社利用のソフトウェアには，社内利用のソフトウェアだけでなく，外部にサー
│ビスを提供するために利用するソフトウェアも含まれる点に留意が必要です。
└───┘

2．自社利用のソフトウェアの取得方法

　自社利用のソフトウェアの取得方法としては，以下のようなパターンが考え
られます。

① 　自社でソフトウェアを制作する場合

② 　市場で販売されているソフトウェアを購入する場合

③ 　外部にソフトウェアの制作を委託する場合

Q3-2 会計処理の概要

Q	自社利用のソフトウェアについては，どのような会計処理を行えばよいのでしょうか。
A	自社利用のソフトウェアに資産性が認められる場合には，取得に要した原価を無形固定資産に計上し，認められない場合にはこれを費用処理します。資産計上を行う場合には，利用可能期間にわたって減価償却を行うとともに，期末時に減損の要否を判定することになります。

解　説

　自社利用のソフトウェアについては，①それ自体に資産性が認められるか否
か，資産計上を行う場合には②減価償却，③期末時の評価，および④除却の処
理をどのように行うのかが主な論点となります。詳細については，以下の項目
をご参照ください。

論　点	質問項目	対応する質問番号
①資産性の有無の検討（取得費または制作費の会計処理）	資産計上の要件	Q 3 - 3
	資産に計上する時期	Q 3 - 4
	導入費用	Q 3 - 5
②減価償却	減価償却	Q 3 - 6
	利用可能期間の見直し	Q 3 - 7
③期末時の評価	減損	Q 3 - 8
④除却	除却	Q 3 - 9
⑤その他論点	機器組込みソフトウェアの取扱い	Q 3 -10
	制作途中で収益獲得または費用削減が確実となった場合の取扱い	Q 3 -11
	会計上の処理と税務上の処理の異同	Q 3 -12

Q3-3　資産計上の要件

Q	自社利用のソフトウェアの資産計上が認められるのは，具体的にはどのような場合でしょうか。
A	将来の収益獲得または費用削減が確実と認められる場合は，無形固定資産に計上することになります。一方，それが確実であると認められない場合または確実であるかどうか不明な場合には，費用処理することになります。

解 説

1．自社利用のソフトウェアの資産計上のための要件

　研究開発費等実務指針第11項は，自社利用のソフトウェアの資産計上のための要件として，「そのソフトウェアの利用により将来の収益獲得又は費用削減が確実であることが認められる」ことを要件としており，これが満たされれば無形固定資産として計上する一方，満たされない場合には費用処理を行うこと

としています。これを図示すると，図表3-1のようになります。

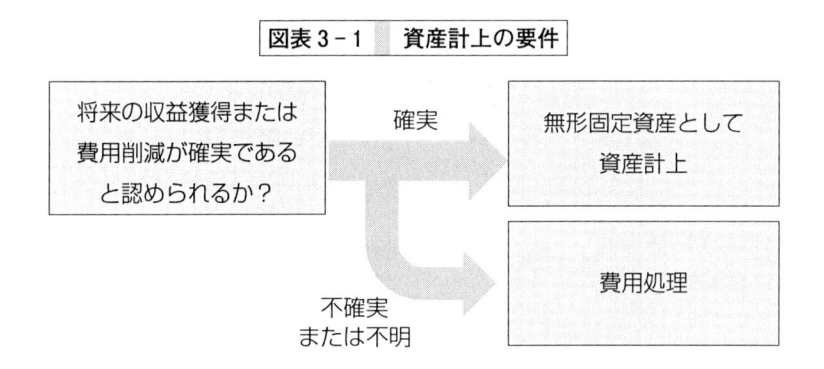

自社利用のソフトウェアについてこのような資産計上のための要件が設定されているのは，有形固定資産と異なり無形の資産であることに加え，制作費の大部分は人件費や外注費等によって構成されていることから，一般的に実態が捉えづらく，実際にどれだけの資産性を有するのか主観的な判断が介在する余地が多分に存在するため，経済価値を合理的に算定するための判断の基礎が必要であることによるものと考えられます。

> **ここ注意！**
>
> 　自社利用のソフトウェアの資産計上が認められるのは，将来の収益獲得または費用削減が確実な場合のみであり，それが不確実な場合のみならず，不明と考えられる場合にも資産計上は認められない点に留意が必要です。

2．資産計上が認められるケース

　研究開発費等実務指針第11項は，資産計上が認められる具体例として，以下のような場合を示しています。

目的	資産計上が認められる具体例	留意点
収益獲得	通信ソフトウェアまたは第三者への業務処理サービスの提供に用いるソフトウェア等を利用することにより，会社が，契約に基づいて情報等の提供を行い，受益者からその対価を得ることとなる場合	契約書等，実際の外部との合意を示す証憑に基づいて，将来の収益獲得が担保されている必要がある。
費用削減	自社で利用するためにソフトウェアを制作し，当初意図した使途に継続して利用することにより，当該ソフトウェアを利用する前と比較して会社の業務を効率的または効果的に遂行することができると明確に認められる場合	ソフトウェア制作の意思決定の段階から制作の意図・効果が明確になっており，以下のように実際に費用の削減効果が認められる必要がある。 • 利用する前と比べ間接人員の削減による人件費の削減効果が確実に見込まれる場合 • 複数業務を統合するシステムを採用することにより入力業務等の効率化が図れる場合 • 従来なかったデータベース・ネットワークを構築することにより今後の業務を効率的または効果的に行える場合
	市場で販売しているソフトウェアを購入し，かつ，予定した使途に継続して利用することによって，会社の業務を効率的または効果的に遂行することができると認められる場合	購入したソフトウェアが会社の業務と適合しており，実際に社内の業務の効率的・効果的な遂行に資するといえることが必要。

　独自仕様の社内利用ソフトウェアの場合，通常，当該ソフトウェアの利用によって直接的にキャッシュ・フローが生ずるとは考えられないため，その判断は容易ではなく，将来の費用削減効果によってネット・キャッシュ・イン・フローの増加が確実となるかどうかに基づいて，資産計上の可否を判断することになります。

　この点，研究開発費等Q＆A Q15において，独自仕様の社内利用ソフトウェアの資産計上が認められる例として，以下のような具体例が示されています。

> ①　将来の収益獲得が確実であると認められる例
> 　顧客からの受注に基づく在庫の手配及び発送指示作業を手作業により行っているために，物流部門の能力には余裕があるのに，毎日の取扱高が限定されているという業務遂行上の問題点を抱えている会社において，当該業務をコンピュータ処理に置き換えることにより，取扱高の増加が可能になる場合
> ②　将来の費用削減が確実であると認められる例
> 　遠隔保守のシステムの構築により，実際に現場に派遣する保守要員が減少する場合

　また，研究開発費等Ｑ＆Ａ Q15では，ソフトウェアを利用している実態を十分に把握して，資産計上の要件を満たしているか否かについて検討する必要があるとしており，資産計上の場合には，可能な限り客観的かつ定量的なデータに基づいてネット・キャッシュ・イン・フローの増加が確実であることを示す必要があります。

Q3-4　資産に計上する時期

Q	制作に関連する費用を自社利用のソフトウェアとして資産計上するのは，どの時点から可能でしょうか。 また，どの時点までの費用を資産計上することが認められるのでしょうか。
A	資産計上の開始時点は将来の収益獲得または費用削減が確実であると認められる状況になった時点であり，資産計上の終了時点は実質的にソフトウェアの制作作業が完了したと認められる状況になった時点です。

解　説

　自社利用のソフトウェアの制作は，①企画，②設計，③制作・開発，④導入，⑤保守・運用といったフェーズから構成されることが一般的です。このため，これらのプロセスの中で，どの時点からどの時点までの原価を集計して資産に含めるのかを明確にしておく必要があります。

1．資産計上の開始時点

　研究開発費等実務指針第12項は，自社利用のソフトウェアに係る資産計上の開始時点は将来の収益獲得または費用削減が確実であると認められる状況になった時点であり，そのことを立証できる証憑に基づいて決定することとしています。具体的な証憑の例としては，以下のようなものが挙げられます。

- ソフトウェアの制作予算が承認された社内稟議書
- ソフトウェアの制作原価を集計するための制作番号を記入した管理台帳

> **ここ注意！**
>
> 　社内稟議書等の証憑はソフトウェアの資産計上の根拠となる重要な証拠であり，ソフトウェアの利用によって得られる将来の収益獲得または費用削減の効果についての検討過程および結果を適切に文書化する必要があります。したがって，社内稟議書等の証憑には，制作予算に加え以下のような要素が含まれる必要があります。
> - ソフトウェアの制作目的・仕様
> - 開発期間・方法
> - 将来の収益獲得または費用削減が確実か否か
> - 将来の収益獲得または費用削減が確実と判断される場合，可能な限り具体的な数値を含めた判断の根拠
> - 申請部門責任者に加え，管理部門責任者，経営管理者の承認

2．資産計上の終了時点

　一方，自社利用のソフトウェアに係る資産計上の終了時点は実質的にソフトウェアの制作作業が完了したと認められる状況になった時点であり，そのことを立証できる証憑に基づいて決定することとされています（研究開発費等実務指針13）。具体的な証憑の例としては，以下のようなものが挙げられます。

- ソフトウェア作業完了報告書
- 最終テスト報告書

> **ここ注意！**
>
> 　制作作業の完了を示す証憑は，ソフトウェアの計上時期と減価償却の開始時期を裏付ける重要な証拠となります。このため，ソフトウェアのテストが完了した旨・時期を明記するとともに，テスト責任者・管理部門責任者・経営管理者の承認の証跡を残しておくことが必要です。

3．ソフトウェアの制作フェーズと会計処理

　ソフトウェアの制作フェーズと会計処理との関連を図示すると，図表3-2のようになります。

図表3-2　制作フェーズと会計処理との関連

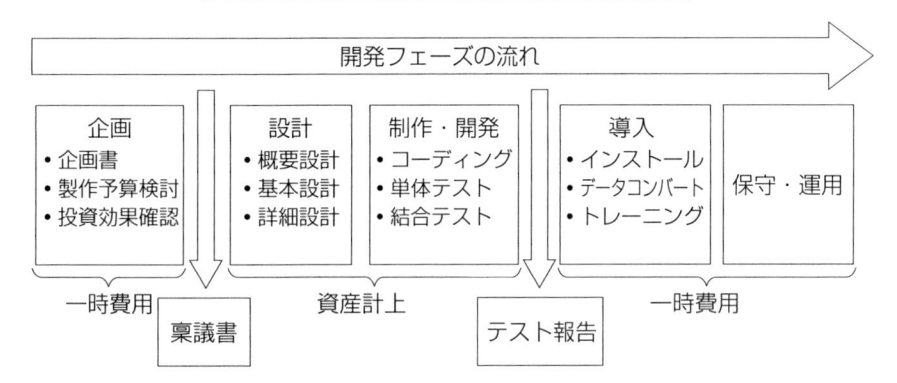

※　上記のフェーズの区切り，および証憑と資産化の範囲はあくまで一例であり，どの時点から資産計上の対象とするかは，各企業内部で決められた証憑とその記載内容が，将来の収益獲得または費用削減が確実であることを明らかにするものであるかで判断される点に注意が必要。

Q3-5　導入費用

Q	自社利用のソフトウェアの導入に係る諸経費の取扱いについて教えてください。
A	導入費用の性質を勘案して①ソフトウェア設定に関する付随費用，②大幅に変更して自社仕様にするための費用，③その他の導入費用に区分します。そのうえで，これらの性質に応じた会計処理を行います。

解説

1．購入ソフトウェアの設定等に係る費用の会計処理

　外部から購入したソフトウェアについては，その導入にあたり設定作業や，自社の仕様に合わせるための修正作業等を行う場合があります。この際に発生する付随的な費用は，有形固定資産の取得に要する付随費用と同様に，購入ソフトウェアを取得するための費用としてソフトウェアの取得価額に含めることになります。ただし，これらの費用に重要性が乏しい場合には費用処理することも認められます。

　整理すると，以下のようになります。

設定作業の有無	導入時の作業の例	付随費用の内容・取扱い
購入ソフトウェアをそのまま導入する場合	完成したパッケージソフトウェアをそのまま導入するケース	追加の作業は簡単な導入作業程度であり，付随費用はほとんど発生しない。
購入ソフトウェアの設定等が必要になる場合	・財務会計ソフトの科目マスターのように設定作業が必要となる場合 ・自社の仕様に合わせて画面や帳票などを修正する場合	外部から購入したパッケージソフトウェアに対して設定作業または自社の仕様に合わせるための付随的な修正作業等が発生するが，この際の費用はソフトウェアを使用するために不可欠な費用であり，原則としてソフトウェアの取得価額に含める。

2．ソフトウェアを大幅に変更して自社仕様にするための費用の会計処理

　自社で利用するソフトウェアを一から新たに制作するのではなく，自社で過去に制作したソフトウェアまたは市場で販売されているパッケージソフトウェアの仕様を大幅に変更して，自社のニーズに合わせた新しいソフトウェアを制作する場合があります。このような場合，完成品のソフトウェアを購入したとは考えられず，むしろパッケージソフトウェアを部品として利用していると考えることができます。したがって，この際の費用は，それによる将来の収益獲得または費用削減が確実であると認められる場合を除き，研究開発目的のための費用と考えられるため，購入ソフトウェアの価額も含めて費用処理を行います。一方，将来の収益獲得または費用削減が確実であると認められる場合には，購入ソフトウェアの価額を含めて当該費用を無形固定資産として計上することになります。

3．その他の導入費用の会計処理

　一般に，自社利用のソフトウェアを実際に利用するまでには，前述したような導入に係る設定・修正作業に加えて，データのコンバート作業や，トレーニングを実施するための費用が生じることがあります。しかしながら，ソフトウェアを利用するための環境を整備し有効利用を図るための費用は，原則としてソフトウェアそのものの価値を高める性格の費用ではないため，その費用は原則として発生時の費用として処理することになります。

　具体的には，以下のような費用が挙げられます。

区　分	内　容	会計上の取扱い
データをコンバートするための費用	新しいシステムでデータを利用するために旧システムのデータをコンバートするための費用	発生した事業年度の費用として処理する。
トレーニングのための費用	ソフトウェアの操作をトレーニングするための費用	発生した事業年度の費用として処理する。

　なお，ソフトウェアを外部から購入する際には，ソフトウェアの購入価額に加え，これらのコンバート費用やトレーニング費用も含めた価額で契約等が締結されるケースもあります。この際，契約において導入費用がソフトウェアの

購入価額と区分されて表示されている場合には，それに従って会計処理を行うこととなります。一方，導入費用がソフトウェアの購入価額と区分して表示されていない場合には，合理的な見積りによって購入の対価とそれ以外の費用とに区分して会計処理を行うことが適当と考えられます。具体的には，ソフトウェアの制作に要する時間とトレーニングに要する時間に関する情報を入手しこれらの比率に応じて費用を按分する方法，同一または類似のソフトウェアの市場価格を契約金額から控除して導入費用を見積る方法が考えられます。

> **ここ注意！**
>
> 　導入費用の金額算定の便宜上，契約の際にはあらかじめソフトウェアの購入価額相当額と導入費用相当額とを区分して契約書を作成する，または作業の工数に関する見積書を入手する等の対応をとっておくことが望ましいと考えられます。

4．まとめ

区　分	内　容	会計上の取扱い
ソフトウェア設定に関する付随費用	ソフトウェアの設定作業や自社の仕様に適合させるための修正作業に要する費用	購入ソフトウェアを取得するための費用としてソフトウェアの取得価額に含めて計上
大幅に変更して自社仕様にするための費用	自社で過去に制作したソフトウェアまたは市場で販売されているパッケージソフトウェアの仕様を大幅に変更して，自社のニーズに合わせた新しいソフトウェアを制作するための費用	①将来の収益獲得または費用削減が確実であると認められる場合以外：研究開発目的のための費用と考えられるため，購入ソフトウェアの価額も含めて費用処理 ②将来の収益獲得または費用削減が確実であると認められる場合：購入ソフトウェアの価額を含めた費用を無形固定資産として計上
その他の導入費用	データをコンバートするための費用，トレーニングのための費用	発生した事業年度の費用として処理

Q3-6　減価償却

Q	自社利用のソフトウェアの減価償却はどのように行えばよいでしょうか。
A	一般的には定額法による償却が合理的であると考えられますが，サービス提供に用いるソフトウェアで将来の獲得収益を見積ることができる場合には，市場販売目的のソフトウェアのように見込販売収益に基づく減価償却を行うほうが合理的な場合もあります。

解　説

1．基本的な考え方

　自社利用のソフトウェアについては，各企業がその利用の実態に応じて最も合理的と考えられる減価償却の方法を採用すべきものですが，市場販売目的のソフトウェアに比し収益との直接的な対応関係が希薄な場合が多く，物理的な劣化を伴わない無形固定資産の償却であることから，一般的には定額法による償却が合理的であると考えられます。

　償却の基礎となる耐用年数としては，当該ソフトウェアの利用可能期間によるべきですが，近時の技術革新の状況等に配慮して原則として5年以内の年数とし，5年を超える年数とするときには，合理的な根拠に基づくことが必要とされている点に留意が必要です。

2．自社利用のソフトウェアがサービス提供に用いられる場合の考え方

　自社利用のソフトウェアでも，第三者へのサービス提供に用いるようなケースにおいて，将来の獲得収益を見積ることができる場合があります。このような場合には，市場販売目的のソフトウェアのように見込販売収益（数量）に基づく減価償却を行うほうが費用・収益の対応の観点からより合理的なこともあり，各企業がその利用の実態に応じて最も合理的な方法を採用することとなります。

3．まとめ

ソフトウェアの利用目的	収益との対応	減価償却の方法	耐用年数
第三者への業務処理サービスの提供目的	明確でない	定額法	5 年以内ないし市場販売目的のソフトウェアに準じて3 年以内
	明確	市場販売目的のソフトウェアと同様の方法（販売見込収益（数量）に応じて償却）	
社内業務を効率的または効果的に行う目的	明確でない	定額法	5 年以内

Q3-7 利用可能期間の見直し

Q	自社利用のソフトウェアの利用可能期間はどのような場合に見直しが必要となるのでしょうか。また，その場合の会計処理はどのように行えばよいのでしょうか。
A	当初取得時には予想できなかった技術革新や経営環境の変化等のさまざまな要因が生じうるため，その都度，適宜見直しが必要となります。その結果，耐用年数の変更を要することとなった場合には，当事業年度および当該ソフトウェアの残存耐用年数にわたる将来の期間の損益で認識することとなります。一方，耐用年数の変更が，過去の見積りが合理的でないことに起因する場合には，重要性が乏しい場合を除き，過去の財務諸表を修正再表示することになります。

解 説

1．利用可能期間の見直しについて

　自社利用のソフトウェアの利用可能期間の見積りは，当初取得時には予想できなかった技術革新や経営環境の変化等のさまざまな要因により影響を受ける

ものであり，それぞれの見積り時点では最善の見積りであっても，時の経過に伴う新たな要因の発生等により変動することが予想されます。このため，適宜利用可能期間の見直しを行う必要がありますが，その結果，耐用年数の変更を要することとなった場合には過年度遡及会計基準第17項に従って，当事業年度および当該ソフトウェアの残存耐用年数にわたる将来の期間の損益で認識することとなります。

　なお，耐用年数の変更について，過去に定めた耐用年数がその時点での合理的な見積りに基づくものでなく，これを事後的に合理的な見積りに基づいたものに変更する場合には，会計上の見積りの変更ではなく過去の誤謬の訂正に該当することに留意が必要です。このような場合には，重要性が乏しい場合を除き，過去の財務諸表を修正再表示することになります（過年度遡及会計基準21，35）。

２．利用可能期間の見直しを行った場合の会計処理

　新たに入手可能となった情報に基づいて当事業年度末において耐用年数を変更した場合には，以下の計算式により当事業年度および翌事業年度の減価償却額を算定します。

$$
\text{当事業年度の減価償却額} = \text{当期首における未償却残高} \times \frac{\text{当事業年度の期間}}{\text{当期首における変更前の残存耐用年数}}
$$

$$
\text{翌事業年度の減価償却額} = \text{翌期首における未償却残高} \times \frac{\text{翌事業年度の期間}}{\text{翌期首における変更後の残存耐用年数}}
$$

Q3-8 減　損

Q	自社利用のソフトウェアについて，「固定資産の減損に係る会計基準」の適用についてはどのように考えればよいでしょうか。
A	自社利用のソフトウェアについては，基本的に「固定資産の減損に係る会計基準」の適用対象となりますが，見込販売収益（数量）に基づく減価償却を実施する場合には，同基準の適用対象外となり，市場販売目的のソフトウェアと同様の減損処理を実施することになります。

解説

　減損会計適用指針第5項は，減損会計基準および減損会計適用指針（以下「減損会計基準等」といいます）の対象となる資産を，無形固定資産を含めた固定資産としています。一方で，他の基準に減損処理に関する定めがある資産については，対象資産から除くとしています（減損会計適用指針6）。

　自社利用のソフトウェアについては，基本的に市場販売目的のソフトウェアのような未償却残高が翌期以降の見込販売収益の額を上回った場合に当該超過額を費用または損失とする処理は定められておらず，減損会計基準等の適用対象となります。

　一方で，第三者への業務処理等のサービスを提供するための自社利用のソフトウェアについて将来の獲得収益を見積ることができる場合に，市場販売目的のソフトウェアと同様に見込販売収益（数量）に基づく減価償却を実施するケースにおいては，減損処理についても市場販売目的のソフトウェアと同様に行うのが適切であると考えられます。したがって，この場合には減損会計基準等の適用対象外となり，未償却残高が翌期以降の見込販売収益の額を上回った場合に当該超過額を費用または損失とする処理を適用することとなります。

Q3-9 | 除　却

Q	自社利用のソフトウェアの除却処理はいつ行えばよいでしょうか。また，その際の留意点を教えてください。
A	ソフトウェアの機能の陳腐化や新規ソフトウェアの導入等により既存のソフトウェアの機能の全部または一部の使用を廃止する場合には，機械装置等の有形固定資産の場合と同様に除却処理を行うこととなります。ソフトウェアの除却については，無形の資産という性質上，あらかじめ除却に関する業務フローを明確にしておき，除却の際には客観的に除却処理が行われた旨・時期を明らかにできるようにしておく必要があります。

解　説

1．自社利用のソフトウェアの除却処理

　自社利用のソフトウェアについては，利用可能期間にわたって償却することにより費用化されますが，以下のような状況が生じることがあります。

(1) ソフトウェアの機能が陳腐化した等の理由で事業の用に供しないこととなった場合

(2) 新規のソフトウェアの導入や業務フローの変更に伴い，既存のソフトウェアの使用を廃止する場合

　これらのような場合には，利用可能期間の中途であっても，機械装置等の固定資産と同様に，ソフトウェアの除却処理が行われ，当該時点における未償却残高を損失として計上することになります。

2．自社利用のソフトウェアの一部機能の除却

　自社利用のソフトウェアについても，機械装置等の固定資産の一部を使用しなくなったために部分的に廃棄を行う場合と同様に，以下のようなケースが生じることが考えられます。

(1) ソフトウェアの一部の機能を使用しなくなったことにより，その機能をハードウェアから消去した場合

(2) ソフトウェアの一部の機能をメニューから削除して利用できなくしたような場合

これらのような場合には，機械装置等の固定資産における一部除却の場合と同様に，消去または削除した部分の帳簿価額を合理的に算定して除却の会計処理を行うことが適切であると考えられます。

なお，除却部分の帳簿価額の算定にあたっては，例えば，当初の見積りを参考にする方法，開発規模によって按分する方法などが合理的な方法と考えられます。

> **ここ注意！**
>
> 　除却部分の金額算定の便宜上，①外部からの購入または委託制作の場合には，契約の際にあらかじめソフトウェアの機能別の作業工数や見積金額を明確にした見積書を入手する，あるいは②自社制作の場合には，制作に要した工数を機能別に把握しておく，といった対応をとっておくことが望ましいと考えられます。

3．留意点

機械装置等の固定資産は，設備の廃棄等によって客観的に除却を行ったことを確かめることができるのに対し，ソフトウェアの場合は無形の資産であることから，除却の事実を客観的に確認することが困難な場合が想定されます。

会計処理の観点からは，除却が行われた時期を明確化するとともに，除却の処理漏れを防止する観点から，以下のような対応を行うことによって，自社利用のソフトウェアの除却処理に関する業務フローを明確にしておく必要があります。

(1)　除却に関する社内稟議手続

既存の自社利用のソフトウェアの利用を廃止することとなった場合，ソフトウェアを使用する部門から，対象となるソフトウェアの内容・除却理由・除却時期について，経営管理者や管理部門に適時かつ漏れなく稟議申請がなされるように，社内規程を整備しておく必要があります。

(2)　期末におけるソフトウェアの利用状況の確認

　ソフトウェアを使用する部門または担当者に対し，決算期末ごとに利用状況に関するアンケートを行うといった対応が考えられます。

Q3-10　機器組込みソフトウェアの取扱い

Q	自社利用の機器組込みソフトウェアの取扱いについて教えてください。
A	購入者側においては，ソフトウェアの交換が予定される場合を除き，ソフトウェアの取得原価を機器に含めて会計処理します。一方，制作者側においては両者に別個の経済価値が認められることから，原価計算上も両者を別個に区分することになります。

解 説

　機器組込みソフトウェアとは，機械・器具備品等に組み込まれたソフトウェアをいいます。具体的には，携帯電話・スマートフォン，自動車，複合機等の電子制御を必要とする機器に搭載されている，特定の機器と一体となり特定の機能のみを実現するために組み込まれたソフトウェアを指し，パソコン等の汎用的なシステムとは区別されます。

1．購入者側の処理
(1)　機器の取得原価に含めて処理する場合
　機器組込みソフトウェアについては，独立した科目として区分するのではなく，当該機械等の取得原価に算入し，「機械及び装置」等の科目を用いて処理するとともに，有形固定資産の減価償却を通じて費用化することになります。このような会計処理を行う理由として，研究開発費等実務指針第41項は以下のような理由を挙げています。

① 機器とソフトウェアは相互に有機的一体として機能すること。両者は別個では何ら機能せず，両者は一体として初めて機能する。
- 機能一体であることから機器とソフトウェアの対価は区分されていないのが通例である。
- 機器又はソフトウェアの技術革新を考えると，一方だけが長く機能するとは考えにくい。
② 経済的耐用年数も両者に相互関連性が高い。

(2) 機器とは区分して処理する場合

一方で，以下のような場合にはソフトウェアと機器を別個の資産として区分して資産計上し，各々の利用可能期間に応じて別個に減価償却を行うことが適切なケースもあるとされています。

① ソフトウェアの交換（バージョンアップ）が予定されており，バージョンアップによる機能向上が革新的であるような場合
② 機械等の購入時にソフトウェア交換が，契約により予定され，新・旧ソフトウェアの購入価格が明確な場合

これらの場合においては，ソフトウェアの交換が取得時においてすでに予定されている以上，ソフトウェアの取得原価を機器に含めて機器の耐用年数にわたり減価償却を行うことは適切ではないことから，別途このような取扱いが示されています。

2．制作者側の処理

制作者においては，機器組込みソフトウェアと機器自体を別個の経済価値として把握可能であり，両者は別個のものとして原価計算上も区分することになります。

Q3-11　制作途中で収益獲得または費用削減が確実となった場合の取扱い

Q	ソフトウェア制作活動の開始時点では将来の収益獲得または費用削減が確実ではなかったものの，ソフトウェアの一部が制作された後に初めて，将来の収益獲得または費用削減が確実であるとの判断ができたのですが，その場合の会計処理はどのようにすべきでしょうか。
A	以下のような取扱いとなります。 ①　将来の収益獲得または費用削減が確実であると認められた時点以降の費用……資産計上 ②　将来の収益獲得または費用削減が確実であると認められた時点より前に発生した費用……費用処理

解 説

　自社利用のソフトウェアについて，制作を開始する時点において，ソフトウェアの利用者が要求する機能を発揮するソフトウェアが完成し，かつ，実際の業務での使用に耐えられるかどうかを確実に判断することには，困難を伴うことも考えられます。このため，状況によってはソフトウェアの制作活動が開始された後に，資産計上の要件を満たしていることが判明する場合もあるものと考えられます。

　この場合，資産計上すべきソフトウェアの取得原価としては，将来の収益獲得または費用削減が確実であると認められた時点以降の費用を計上することが合理的であると考えられます。したがって，将来の収益獲得または費用削減が確実であると認められた時点から過去に遡って，ソフトウェアの取得価額を資産計上することは認められません。

> **ここ注意！**
>
> 　Q 3 - 4 の場合と同様に，自社利用のソフトウェアの制作途中で資産計上の要件を満たすこととなった場合にも，その判断の過程と結果を社内稟議書等の証憑として文書化しておくことが必要です。

Q 3-12　会計上の処理と税務上の処理の異同

Q	自社利用のソフトウェアについて，会計上の処理と税務上の処理の異同を教えてください。
A	自社利用のソフトウェアについては，①資産計上，②減価償却，③除却について，以下に記載するとおり，会計と税務においてそれぞれ規定が設けられています。

解　説

1．資産計上についての考え方

(1)　会計上の考え方

　Q 3-3 の説明のとおり，会計上は自社利用のソフトウェアの資産計上のための要件として，「そのソフトウェアの利用により将来の収益獲得又は費用削減が確実であることが認められる」ことが求められます。このため，将来の収益獲得または費用削減が不確実または不明の場合には，資産計上は認められません。

(2)　税務上の考え方

　法人税基本通達 7 - 3 -15の 3 は，ソフトウェアの取得原価に算入しないことができる費用として，以下のとおり規定しています。

> (1)　自己の製作に係るソフトウエアの製作計画の変更等により，いわゆる仕損じがあったため不要となったことが明らかなものに係る費用の額

> (2)　研究開発費の額（自社利用のソフトウエアについては，その利用により将来の収益獲得又は費用削減にならないことが明らかなものに限る。）
> (3)　製作等のために要した間接費，付随費用等で，その費用の額の合計額が少額（その製作原価のおおむね3％以内の金額）であるもの

　これによると，自社利用のソフトウェアの取得原価に算入しないことができる費用は「その利用により将来の収益獲得又は費用削減にならないことが明らかなものに限る。」とされており，将来の収益獲得または費用削減が確実な場合だけでなく，それが不明な場合であっても取得原価に算入することとなると解されます。

(3)　会計と税務の取扱いの異同

　異同点をまとめると，以下のとおりとなります。

将来の収益獲得または費用削減の確度	会計上の取扱い	税務上の取扱い
確実	資産計上	資産計上
不明	費用処理	資産計上
不可能	費用処理	費用処理

2．減価償却

(1)　会計上の考え方

　Q3-6の説明のように自社利用のソフトウェアについては，一般的には定額法による償却が合理的であると考えられますが，第三者へのサービス提供に用いるソフトウェアで将来の獲得収益を見積ることができる場合には，市場販売目的のソフトウェアのように見込販売収益に基づく減価償却を行うほうが合理的な場合もあるとされています。

　償却の基礎となる耐用年数としては，5年を超える年数とするときには，合理的な根拠に基づくことが必要とされています。なお，市場販売目的のソフトウェアに準じた処理を行う場合には，合理的な根拠がない限り3年が上限とされています。

⑵ 税務上の考え方

法人税法施行令第48条の2第1項第4号は自社利用のソフトウェアの減価償却について定額法を原則的な減価償却方法とするとともに，「減価償却資産の耐用年数等に関する省令」別表第三および別表第六では，自社利用のソフトウェアの耐用年数について以下のとおり定めています。

① 複写して販売するための原本　3年

② 開発研究用減価償却資産　3年

③ その他のもの　5年

⑶ 会計と税務の取扱いの異同

異同点をまとめると，以下のとおりとなります。

区　分			会計上の取扱い	税務上の取扱い
自社利用のソフトウェア（下記以外）			5年以内の定額法	①複写して販売するための原本…3年間の定額法②その他のもの…5年間の定額法
外部への業務処理サービスの提供目的の場合	将来収益との対応	明確	3年以内に販売見込収益（数量）に応じて償却	
		不明確	5年以内ないし市場販売目的のソフトウェアに準じて3年以内での定額法	
開発研究用減価償却資産（将来の収益獲得または費用削減が不明）			費用処理	3年間の定額法

3．除　却

⑴ 会計上の考え方

Q3-9の説明のとおり，自社利用のソフトウェアの機能が陳腐化した等の理由で事業の用に供しないこととなった場合には，除却処理を行うことになります。

(2) 税務上の考え方

　法人税基本通達7－7－2の2は，物理的な除却，廃棄，消滅等がない場合であっても，以下の場合のように当該ソフトウェアを今後事業の用に供しないことが明らかな事実があるときは，自社利用のソフトウェアの除却処理を認めています。

- 自社利用のソフトウエアについて，そのソフトウエアによるデータ処理の対象となる業務が廃止され，当該ソフトウエアを利用しなくなったことが明らかな場合，
- ハードウエアやオペレーティングシステムの変更等によって他のソフトウエアを利用することになり，従来のソフトウエアを利用しなくなったことが明らかな場合
- 複写して販売するための原本となるソフトウエアについて，新製品の出現，バージョンアップ等により，今後販売を行わないことが社内りん議書，販売流通業者への通知文書等で明らかな場合

---

(3) 会計と税務の取扱いの異同

　自社利用のソフトウェアの除却については，会計・税務ともに事業の用に供しないこととなった場合に損失処理を行うこととなります。ただし，除却の事実を客観的に裏付ける観点からは，Q3-9のとおり除却の稟議等の手続を適切に行う必要があります。

第 4 章

市場販売目的のソフトウェア

Point

- 製品マスター完成前は製品マスター制作費のうち，研究開発費に該当する部分が費用として認識されます。
- 製品マスター完成後は製品マスターの機能維持に要した部分が費用として認識されます。
- ソフトウェアの減価償却方法としては見込販売数量に基づく方法とその他合理的な方法があります。
- 収益認識は販売形態に応じて判断します。

Q4-1　定　義

Q	市場販売目的のソフトウェアとは何ですか。
A	市場販売目的のソフトウェアとは，不特定多数のユーザー向けに開発・販売されるソフトウェアをいいます。

解 説

　会計基準では，ソフトウェアの制作費は将来の収益との対応関係に着目し，制作目的に応じて会計処理がなされます。ソフトウェアは販売目的のソフトウェアと自社利用のソフトウェアとに区分され，さらに販売目的のソフトウェアは受注制作のソフトウェアと市場販売目的のソフトウェアとに分類されます。本章では，これらのうち市場販売目的のソフトウェアを取り上げます。

1．市場販売目的のソフトウェアの定義

　市場販売目的のソフトウェアとは，関連する会計基準等において以下のように定義されています。

- 研究開発費等意見書
  製品マスター（複写可能な完成品）を制作し，これを複写したものを販売することとなる。
- ソフトウェア収益実務対応報告
  不特定多数のユーザー向けに開発した各種ソフトウェアの販売やライセンス販売（ライセンスの使用を許諾し使用料を得る契約）をいう。

　これらの定義によれば，市場販売目的のソフトウェアとは市場での販売を目的とした汎用的なパッケージソフトウェア全般を指すと考えられ，具体的には以下のようなものが該当すると考えられます。

- 基本ソフトウェア（OS）
- ERPパッケージ，表計算ソフト，ワープロソフトなどのアプリケーションソフト

　昨今においては，給与計算ソフトや財務会計ソフトなどの単一の業務を対象にしたものから，企業活動領域の全般を統合的に管理するようなERPソフトウェアへと企業の関心は移行しており，統合型のERPソフトウェアを導入することにより業務処理の全体最適化を図ろうとするケースが増加しています。

２．さまざまな提供形態

　パッケージソフトウェアとは，記録媒体（CD-ROM等）に複写されたプログラムとマニュアルがセットでパッケージングされ提供されるソフトウェアの総称であり，汎用性をもち，幅広い需要に応えられるように作られたものです。しかし，ソフトウェアの利用環境の整備が進んだ今日ではさまざまな提供形態が存在します。

　パッケージソフトウェアには，具体的に以下のようなものがあります。

> - 複写物が店頭で販売される
> - 顧客へ販売されるたびに複写物を作成し顧客に引き渡される
> - インターネットを利用しオンラインで販売される（ダウンロード）
> - 販売者が顧客のコンピュータに直接インストール作業をする
> - インターネットを通じて顧客にレンタルする（ASPサービス）

　どのような提供形態であっても，ソフトウェアの製品マスターを複写して複数の顧客に販売されるために制作されたソフトウェアであれば，市場販売目的のソフトウェアに該当し，市場販売目的のソフトウェアとして会計処理が行われます。

３．市場販売目的のソフトウェアの処理に関連する会計基準等

　市場販売目的のソフトウェアの処理に関連する会計基準等には，以下のようなものがあります。

会計基準等	内　　容
企業会計原則・企業会計原則注解	ソフトウェア（無形固定資産）に係る貸借対照表上の表示区分や評価原則，費用配分の方法等の記載

原価計算基準	ソフトウェアの取得原価の算定にあたり，適用すべき原価計算手続の基本的な考え方の記載
研究開発費等に係る会計基準の設定に関する意見書	研究開発費等会計基準の要点の記載
研究開発費等に係る会計基準・研究開発費等に係る会計基準注解	ソフトウェア制作過程における研究開発の範囲および研究開発費に該当しないソフトウェア制作費に係る会計処理の記載
研究開発費及びソフトウェアの会計処理に関する実務指針	研究開発費およびソフトウェアの会計処理等についての具体的な取扱いの記載
研究開発費及びソフトウェアの会計処理に関するＱ＆Ａ	研究開発費およびソフトウェアの会計処理に関する実務上の取扱いの具体例の記載
情報サービス産業における監査上の諸問題	情報サービス産業における監査上の留意事項や会計基準の明確化への提言の記載
ソフトウェア取引の収益の会計処理に関する実務上の取扱い	ソフトウェア取引の収益の認識および測定に関する会計上の考え方や実務上の留意事項の記載
研究開発費に関する論点の整理	国際的な会計基準とのコンバージェンスを達成するための論点の整理

Q4-2 費用認識

Q	市場販売目的のソフトウェアに係る費用はどのように認識されますか。
A	製品マスター完成前は製品マスター制作費のうち，研究開発費に該当する部分が費用として認識され，製品マスター完成後は製品マスターの機能維持に要した部分が費用として認識されます。また，ソフトウェアの取得原価は，当該ソフトウェアの性格に応じて見込販売数量に基づく償却方法その他合理的な方法により償却されます。

解 説

市場販売目的のソフトウェアとは，製品マスターを制作しその複写物を販売

（使用許可）するものであり，会計処理にあたっては製品マスターの制作原価の範囲，算定方法，費用処理方法などに留意すべきといえます。会計基準では，製品マスター制作費は，研究開発費に該当する部分を除き資産として計上しなければならないとされています。ただし，製品マスターの機能維持に要した費用は資産として計上することはできません（研究開発費等会計基準四2）。そして，ソフトウェアの取得原価は，当該ソフトウェアの性格に応じて見込販売数量に基づく償却方法その他合理的な方法により償却しなければならないとされています（研究開発費等会計基準五）。詳細については，「Q4-9　研究開発費の範囲および資産計上開始時点」および「Q4-19　減価償却の方法」において解説します。

Q4-3　収益認識

Q	市場販売目的のソフトウェアに係る収益はどのように認識されますか。
A	市場販売目的のソフトウェアに係る収益は実現主義の原則により，通常は納品基準で認識されます。

解説

　市場販売目的のソフトウェアの販売取引は，厳密には使用を許諾する権利の販売であることに留意が必要です。ソフトウェアの収益の認識基準は，実現主義の原則によることが原則となります（企業会計原則第二 三B）。そして，市場販売目的のソフトウェアについては，通常は納品基準で収益認識することとなります（ソフトウェア収益実務対応報告17）。

1．収益認識の基本的な考え方

　市場販売目的のソフトウェアの収益認識は，企業会計原則に基づき実現主義によることが原則となります。実現主義の要件とは以下のようになります。

> - 財貨または役務の提供
> - 現金または現金同等物の受取り

　現金または現金同等物については通常，財貨または役務の提供に伴い受取りがなされるところ，財貨または役務の提供の要件がいつの時点で満たされるかが重要となります。ソフトウェア収益実務対応報告2(1)①および注4では，市場販売目的のソフトウェア取引に関する収益認識基準について，以下のように記載しています。

> - 市場販売目的のソフトウェア取引については，一般的に企業（ベンダー）の側でその仕様（スペック）がすでに確定しているため，納品が完了した時点で実質的に成果物の提供が完了している。
> - ライセンス販売においては，顧客（ユーザー）が使用することができる状態となった時点で実質的に成果物の提供が完了している。

　したがって，市場販売目的のソフトウェア取引においては納品が完了した時点で財貨または役務の提供の要件が満たされたこととなるため，この納品基準をもって収益の認識をすることとなります。

2．収益認識の留意事項

　市場販売目的のソフトウェアの販売取引は，厳密にはソフトウェアの使用許諾権の販売取引であり，ソフトウェアの使用許諾とはソフトウェアの制作・販売者がプログラムの所有権を自己に留保しつつ顧客に使用する権利を許諾する契約のことをいいます。このように，ソフトウェアの販売取引がソフトウェア自体を譲渡するような単なる製品取引ではなく，ソフトウェアの使用許諾取引であることから，顧客が使用できる状態となることが収益認識の要件となることに留意が必要です。以上を踏まえ，市場販売目的のソフトウェアの基本的な収益認識について実現主義の要件を当てはめると以下のように解することができます。

> 【市場販売目的のソフトウェアの実現の要件】
> - ソフトウェアの使用許諾

> • その対価の獲得

　この点，ソフトウェア収益実務対応報告では納品が完了した時点でソフトウェアの役務の提供が完了し，ソフトウェアの使用許諾が開始され，また，顧客に対する債権も発生することから納品基準で収益を認識することとされています。

　これは，通常，ソフトウェアの使用許諾を行う時点と納品時点がほぼ同じであることから納品基準が採用されているものです。市場販売目的のソフトウェアの収益認識時点を検討する場合には，納品事実と使用許諾事実とが一致しているかという点に留意し，さまざまな形態に応じた収益認識を検討する必要があると考えられます。

！　「収益認識に関する会計基準」適用に伴う影響

　令和3年4月1日以後開始する連結会計年度および事業年度の期首から新収益認識会計基準の適用により，ソフトウェア取引実務対応報告が廃止されます。
　ソフトウェア取引実務対応報告の廃止により，収益の認識方法が今までと異なる可能性があります。
　詳細は「第6章　新収益認識会計基準導入の影響」をご参照ください。

Q4-4　さまざまな販売形態①　ダウンロード販売の収益認識

Q	市場販売目的のソフトウェアのダウンロード販売について，収益はどのように認識されますか。
A	ダウンロード販売取引では，締結された契約に基づき，顧客がソフトウェアをダウンロードし，利用可能となった時点で収益認識が行われます。

解 説

インターネットの普及により，市場販売目的のソフトウェアをCD-ROM等のパッケージ製品としての販売だけではなく，インターネットを利用した顧客による直接のダウンロード販売といった方法も普及しつつあります。

ソフトウェア取引は使用許諾取引であることから，一般的に契約書の取り交わしにより取引の実在性が確認できてから収益を認識することが求められるべきと考えられます。

ここで，ソフトウェアのインターネットを利用したダウンロード販売は，インターネット上の商取引であるため，「電子消費者契約及び電子承諾通知に関する民法の特例に関する法律（以下「電子商取引法」といいます）」の適用対象となります。電子商取引法では，販売企業の販売に関する承諾の通知が顧客に到達した時点をもって契約が成立したものとされます。

よって，インターネットによるダウンロード販売取引では，このようにして締結された契約に基づき，顧客がソフトウェアをダウンロードし，利用可能となった時点で収益認識が行われるべきものと考えられます。

> ## ！ 「収益認識に関する会計基準」適用に伴う影響
>
> 新収益認識適用指針第61項および第62項において「ライセンス供与」について定められています。
> ライセンス供与が他の財またはサービスと別個ではない場合は，一括して単一の履行義務として識別して，一定期間にわたり充足される履行義務であるか，または一時点で充足される履行義務であるかを判定します。
> ライセンス供与が独立している場合には，顧客に提供する権利が，ライセンス期間にわたりアクセスする権利なのか，ライセンスが供与される時点での知的財産の使用権なのかにより収益認識のタイミングが異なります。ライセンス期間にわたりアクセスする権利であれば一定の期間にわたり収益を認識し，ライセンスが供与される時点での知的財産の使用権であれば顧客がライセンスを使用してライセンスから便益を享受できる時に収益を認識します。
> 詳細は「第6章　新収益認識会計基準導入の影響」をご参照ください。

Q4-5　さまざまな販売形態②　レンタル販売の収益認識

Q	市場販売目的のソフトウェアのレンタル販売について，収益はどのように認識されますか。
A	レンタル販売取引では，使用許諾が期間を限定して認める契約の場合，使用許諾開始日に収益認識が行われます。ただし，期間性が重視される契約の場合は時の経過に従い収益認識が行われます。

解 説

　ソフトウェアのレンタル取引とは，顧客に対してソフトウェアの使用許諾につき期間を限定して認める取引のことをいいます。通常の市場販売目的のソフトウェアの販売取引が使用許諾を永久的に認める契約であるのに対し，レンタル取引は使用許諾期間が限定される（例えば1か月，1年）契約となります。

　ソフトウェアのレンタル取引では，「レンタル」という単語が使われますが，これは使用許諾期間が限定されているという意味合いであり，期間に応じて役務の提供があることとは異なります。よって，レンタル販売における収益認識については，時の経過に応じて収益を認識するのではなく，使用許諾期間の開始日にソフトウェアの使用許諾料を収益を認識することが妥当であると考えられます。

　ただし，レンタル取引であっても契約の性質によっては取扱いが異なることが考えられます。すなわち，その契約の性質上，期間性がより重視されるような場合には契約期間にわたって時の経過に従い収益の認識を行うことが適切であると考えられます。このような場合には，例えば契約期間の特定時点で契約の解約が可能な場合，契約期間にわたり常に最新バージョンを提供するという取り決めがある場合などが挙げられます。

　契約期間の特定時点で顧客の契約について顧客の要望に基づいて残期間の契約について解約が可能な場合，使用許諾開始日にすべての使用許諾期間について利用可能なサービスの提供が完了していないものといえます。このように，残期間について解約可能な契約である場合には，契約期間にわたって月ごとに

平準化した収益を認識することが妥当であると考えられます。

　また，レンタル契約上，単なるソフトウェアの使用許諾取引ではなく契約期間にわたり常に最新バージョンを提供するように取り決めている場合にも，同様に使用許諾開始日に顧客に対するサービス提供が完了したとはいえないため，契約期間にわたり月ごとに平準化した収益を認識することが妥当であると考えられます。

> **！** **「収益認識に関する会計基準」適用に伴う影響**
>
> 　レンタル販売においても，契約の性質により履行義務が異なるため，顧客との契約を識別し，契約における履行義務を識別した上で，収益認識のタイミングを判断します。
> 　詳細は「第6章　新収益認識会計基準導入の影響」をご参照ください。

Q4-6 さまざまな販売形態③　代理店を通じた販売の収益認識

Q	代理店を通じた市場販売目的のソフトウェア販売について，収益はどのように認識されますか。
A	代理店を通じた市場販売目的のソフトウェア販売取引では，委託販売取引として捉えることが適当である場合，代理店が最終顧客（エンド・ユーザー）に対して納品を完了した時点で収益認識が行われます。

解　説

　市場販売目的のソフトウェアは，販売企業から直接最終顧客（エンド・ユーザー）に販売されるほか，販売代理店や卸売業者を経由して広く販売されることがあります。このような場合，販売代理店や卸売業者への納品時点で収益を認識すべきか，最終顧客（エンド・ユーザー）がソフトウェアを利用可能となる時点で収益を認識すべきかが問題となります。この点，ソフトウェア収益実

務対応報告2(1)①では，以下のようにまとめています。

> ソフトウェア取引においては，その成果物を直接，最終顧客（エンド・ユーザー）に販売するのではなく，手数料収入のみを得ることを目的とする取引の代理人を通じて販売する取引もみられる。このような取引において委託販売として捉えることが適当である場合には，取引の代理人が最終顧客（エンド・ユーザー）に対して納品を完了した時点で一連の営業過程における販売が完了することになる。

　手数料収入のみを得ることを目的とする取引の代理人となるかを判断する際，販売代理店や卸売業者が保有・販売に係るリスクをどの程度負うこととなるのかがポイントとなりますが，ここではその役割に着目して解説をします。

　通常，販売代理店と卸売業者は以下のような役割を負うこととなります。

- 販売代理店…ソフトウェア制作企業からソフトウェア製品の販売業務を受託する役割
- 卸売業者…ソフトウェア制作企業あるいは他の卸売業者からソフトウェアの再販売許諾を受け，自らの責任によってソフトウェア製品を最終顧客（エンド・ユーザー）や他の卸売業者へ販売する役割

　販売代理店を経由して顧客に販売する場合，販売代理店は単に製品の販売業務の委託を受けるのみであり，顧客からの返品についても販売代理店が買い取るのではないため，販売代理店は通常在庫リスクを負わないこととなります。販売代理店は「手数料収入のみを得ることを目的とする取引の代理人」といえ，当該取引は通常，委託販売取引として捉えることとなります。よって，販売企業は販売代理店への納品によって収益を認識するのではなく，販売代理店からの報告により顧客への納品が完了した時点をもって収益を認識することとなります。

　一方，上記のような役割を負う卸売業者を経由して顧客に販売する場合，通常は販売企業の顧客は卸売業者となり，卸売業者へ製品を納品した時点で収益を認識することとなると考えられます。ただし，卸売業者へ販売する場合であっても，販売業者側が実質的に保有・販売に係るリスクを負うことがあります。このように委託販売として捉えることが妥当であると判断される場合には，卸売業者への販売であっても，最終顧客（エンド・ユーザー）に対して納品を完了した時点をもって収益を認識することとなります。

> **!** 「収益認識に関する会計基準」適用に伴う影響
>
> 　新収益認識適用指針第75項および第76項において「委託販売契約」について定められています。
>
> 　最終顧客に販売するために，代理店等に引き渡す場合には，代理店等がその時点で当該商品または製品の支配を獲得したかどうかを判定します。代理店等がソフトウェアに対する支配を獲得していない場合には，委託販売契約として代理店等がソフトウェアを保有していると考えられるため，代理店等へのソフトウェアの引渡時に収益は認識しません。
>
> 　詳細は「第6章　新収益認識会計基準導入の影響」をご参照ください。

Q4-7 さまざまな販売形態④　複合的な取引の収益認識

Q	複合的な市場販売目的のソフトウェア販売について，収益はどのように認識されますか。
A	複合的な市場販売目的のソフトウェア販売取引では，契約に含まれる取引要素を識別し，取引要素ごとに実現した時点で収益認識が行われます。ただし，取引要素の主従が明確な場合，主たる取引要素の収益認識時点に一体として会計処理することができます。

解 説

　市場販売目的のソフトウェアの販売形態は複雑となってきており，単にソフトウェアの使用許諾を行うのみではなく，これに付随するさまざまなサービス等を含んだ複合的な取引を行う場合が増えてきています。

　このような取引を一般的に複合取引と呼び，異なる種類の取引を同一の契約書等で締結しているものをいいます。

　市場販売目的のソフトウェアとソフトウェア関連サービスの複合取引には以下のようなものが挙げられます。

> - ソフトウェア販売に保守サービスやユーザー・トレーニング・サービスが含まれているケース
> - ソフトウェア・ライセンス販売（使用許諾）にアップグレードの実施が含まれているケース
> - ソフトウェアと財である機器（ハードウェア）を販売するケース

　このような複合取引となる場合には，複合取引に含まれる複数の取引要素を識別し，各々の取引要素ごとに実現した時点で収益を認識する必要があると考えられます。この点，ソフトウェア収益実務対応報告3では複合取引について以下のように記載しています。

> 　収益認識時点が異なる複数の取引が1つの契約とされていても，管理上の適切な区分に基づき，販売する財又は提供するサービスの内容や各々の金額の内訳が顧客（ユーザー）との間で明らかにされている場合には，契約上の対価を適切に分解して，機器（ハードウェア）やソフトウェアといった財については各々の成果物の提供が完了した時点で，また，サービスについては提供期間にわたる契約の履行に応じて収益認識を行う。なお，財とサービスの複合取引であっても，一方の取引が他方の主たる取引に付随して提供される場合には，その主たる取引の収益認識時点に一体として会計処理することができる。

　すなわち，複合取引に含まれる複数の取引要素について，ソフトウェアの使用許諾取引については使用許諾開始時に収益を計上すべきですが，ソフトウェアの使用許諾取引と区分されたソフトウェアの保守サービスやトレーニング・サービスについては，そのサービス期間にわたりサービスの提供の度合いに応じて収益を認識する必要があるといえます。

　また，アップグレード権取引（ソフトウェアのアップグレードを保証する取引）については，アップグレード版の完成・提供の時点が未定であるため，アップグレード期間にわたって契約額を期間按分して収益を認識することが妥当であると考えられます。

　なお，すべての顧客に均一に提供されるような無償の保守サービスやユーザー・トレーニング・サービスは，一般的に，主たる取引に付随して提供される取引に該当すると考えられます。よって，ソフトウェア使用許諾取引として使用許諾開始日に収益を認識すると同時に関連するサービス費用を見積り，一

括して費用計上することとなります。

> ! **「収益認識に関する会計基準」適用に伴う影響**
>
> 複合的にサービスを提供する場合には，収益認識に関する会計基準の原則に従って収益を認識します。
> 詳細は「第6章　新収益認識会計基準導入の影響」をご参照ください。

Q4-8　さまざまな販売形態⑤　カスタマイズ販売の収益認識

Q	市場販売目的のソフトウェアのカスタマイズ販売について，収益はどのように認識されますか。
A	市場販売目的のソフトウェアのカスタマイズ販売取引では，使用許諾取引とカスタマイズ取引を全体として納品した時点で収益認識が行われます。ただし，両取引を一体として捉えることが妥当でない場合は実態に応じて別個に収益認識を行うことも考えられます。

解 説

　市場販売目的のソフトウェアについては，ソフトウェアを導入しようとする特定の顧客の注文に基づき，自社の販売している市場販売目的のソフトウェアをベースとし，これを顧客の要望に応じてカスタマイズした製品を納品する場合があります。このような場合，ソフトウェアの使用許諾契約とカスタマイズ契約（受託開発契約）はソフトウェアの制作請負契約として通常は締結されることになります。

　このような複合取引の場合，ソフトウェアの使用許諾取引とカスタマイズ取引とは使用許諾取引を主たる取引とした一体のものであると捉えることができるため，受注制作のソフトウェアの会計処理に基づき，カスタマイズされたソフトウェアが全体として顧客の検収を受けたときに収益を認識することとなり

ます。ただし，例えばソフトウェアがいったん顧客に納品されカスタマイズなしで使用可能な状態であるなど，一体として捉えることが妥当でない場合などには，取引実態に応じてソフトウェアの使用許諾料のみをソフトウェアの納品時に収益として認識する場合もあると考えられます。

！　「収益認識に関する会計基準」適用に伴う影響

　ソフトウェアをカスタマイズして販売する場合には，顧客との契約を識別した上で，収益認識に関する会計基準の原則に従って収益を認識します。
　詳細は「第6章　新収益認識会計基準導入の影響」をご参照ください。

Q4-9　研究開発費の範囲および資産計上開始時点

Q	市場販売目的のソフトウェアの制作費のうち研究開発費とされるものの範囲，および資産として計上されるものの資産計上開始時点について教えてください。
A	市場販売目的のソフトウェアの制作費は「最初に製品化された製品マスター」の完成までは研究開発費として費用処理され，完成時点からは資産計上されます。ただし，完成後著しい改良に要した費用は研究開発費として費用処理されます。

解　説

1．基本的な考え方

　研究開発費等会計基準四2では，市場販売目的のソフトウェアの制作費の基本となる会計処理について以下のように定められています。

　市場販売目的のソフトウェアである製品マスターの制作費は，研究開発費に該当する部分を除き，資産として計上しなければならない。ただし，製品マスターの機能維持に要した費用は，資産として計上してはならない。

　会計基準によれば，市場販売目的のソフトウェアを制作するために発生した
費用について，研究開発費に該当すれば研究開発費として発生時に費用処理し，
研究開発費に該当しなければ製品マスターの機能維持に要した費用を除き，無
形固定資産のソフトウェアとして（研究開発費等会計基準四4）資産計上しな
ければならないこととされています。

2．ソフトウェアの制作過程と研究開発の終了時点

　ソフトウェアを市場で販売する場合，製品マスター（複写可能な完成品）を
制作し，これを複写したものを販売することとなりますが，製品マスターの制
作にあたり，まずは機能評価版（β版）の開発が行われます。機能評価版（β
版）とは，性能や機能などを評価するために制作される開発途上版のことをい
いますが，これをさらにバグ取り，機能強化することにより製品マスター
（Ver.0：プロトタイプ）となります。その後，試用による評価や機能強化を図
り，製品マスターとして完成することとなります。

　このような制作過程であるところ，研究開発費等会計基準注解3では研究開
発の終了時点について以下のように定められています。

> 　市場販売目的のソフトウェアについては，最初に製品化された製品マスターの
> 完成までの費用及び製品マスター又は購入したソフトウェアに対する著しい改良
> に要した費用が研究開発費に該当する。

　よって，新しい知識を具体化するまでの過程が研究開発であることから，ソ
フトウェアの制作過程においては製品番号を付すこと等により販売の意思が明
らかにされた製品マスター，すなわち「最初に製品化された製品マスター」
（Ver.0＝プロトタイプ）が完成するまでの制作活動が研究開発と考えられます。
これは，製品マスターの完成は，工業製品の研究開発における量産品の設計完
了に相当するためと考えられるためです（研究開発費等意見書三3）。

　ゆえに，研究開発の終了時点とは以下の2つの要件を満たす時点となります。

> ⅰ　販売の意思が明らかにされていること
> ⅱ　「最初に製品化された製品マスター」が完成していること

3．研究開発終了の要件 i ～販売の意思が明らかにされていること

　研究開発終了の要件である，販売の意思が明らかにされていることとは，当該ソフトウェアを市場で不特定多数の顧客へ販売することを企業として意思決定していることを示しています。ここで，意思決定とはソフトウェアの製品性を検証し，実際に販売を開始することの意思決定を意味します。例えば，企業が製品性を検証した上で製品番号を付すこと，カタログに記載することなどが具体的に挙げられます。これは，市場で販売する意思が客観的に確認できるため，販売の意思が明らかにされた時点であるといえます。

　ただし，客観的に確認できる事実がなくとも，新製品の販売開始を決定する権限のある機関において，社内規程に基づき具体的で実現可能な販売計画が承認された場合など，「内部的な意思決定」を行った時点を販売の意思が明らかにされた時点として取り扱うこともできると考えられます。

4．研究開発終了の要件 ii ～「最初に製品化された製品マスター」が完成していること

　次に，「最初に製品化された製品マスター」が完成していることとは，研究開発費等実務指針によればプロトタイプ制作の有無により，以下のように判断することとされています。

プロトタイプ 制作の有無	完成時点
(a)プロトタイプを制作している	製品性を判断できる程度のプロトタイプが完成していること
(b)プロトタイプを制作していない	製品として販売するための重要な機能が完成しており，かつ重要な不具合を解消していること

　(a)のプロトタイプを制作してから完成ソフトウェア製品を仕上げる方式を採用している場合，当該製品の製品性，すなわち製品が市場で受け入れられるかどうか，他社製品との競争力を有しているかどうかなどの検討を行うことができる程度のプロトタイプが完成していることが求められます。

　ここでいうプロトタイプとは，以下のような条件を満たしているものをいいます。

1）機能評価版（β版）のソフトウェアで重要なバグ取りを終えている状態のもの
2）それを評価することによって，最終的な市場販売の時期・価格等に関する意思決定が行われることとなるもの
3）新しい技術が利用される場合には，その技術が製品において利用可能であることがそのプロトタイプによって確認されているもの

(b)のプロトタイプを制作せずに段階的に仕様決定から設計・プログラム・テストを行ってソフトウェア製品に仕上げる方式を採用している場合，製品マスターの完成時点に少なくとも製品として販売するための重要な機能が完成しており，かつ重要な不具合が解消していることが必要となります。

　例えば，以下のような状態でも，問題を解消するための方法が明確になっており，それが製品の完成にあたって重要なものではないことが確認されていれば，製品マスターの完成時点となり，研究開発の終了時点となります。

- 入力画面や出力帳票などが完全なものではない
- 操作性に関してはまだ改良の余地がある
- 処理速度の面では改善の余地が残されている

　なお，これらの製品マスターの完成時点の判断は，製品マスターおよびプロトタイプの企業における名称の如何を問わず，実質的に行うこととなります。

5．製品マスター完成後の制作費用の会計処理

　意見書・実務指針では，研究開発終了後のソフトウェア制作費について以下のように定められています。

【研究開発費等意見書三3】
　製品マスター又は購入したソフトウェアの機能の改良・強化を行う制作活動のための費用は，著しい改良と認めない限り，資産に計上しなければならない。なお，バグ取り等，機能維持に要した費用は，機能の改良・強化を行う制作活動には該当せず，発生時に費用として処理することとなる。

> **【研究開発費等実務指針第9項】**
>
> 　製品マスター又は購入したソフトウェアの機能の改良・強化を行う制作活動のための費用は，原則として資産に計上する。ただし，著しい改良と認められる部分は，著しい改良が終了するまでは研究開発の終了の時点に達していないことになるため，研究開発費として処理する。

　会計基準によれば，市場販売目的のソフトウェアを制作するために発生した費用について，研究開発費に該当すれば研究開発費として発生時に費用処理し，研究開発費に該当しなければ製品マスターの機能維持に要した費用を除き，無形固定資産のソフトウェアとして（研究開発費等会計基準四4）資産計上しなければならないこととされています。

　ゆえに，著しい機能改良や強化に要する費用は研究開発費に該当し，重要でないバグ取り，ウイルス防止等の修繕・維持・保全のための費用については機能の改良・強化を行う制作活動には該当しないため，発生時に費用処理することとなります。そして，これら以外に製品マスター完成後に追加的に発生した費用を集計したものが製品マスターとして資産計上することとなります。

6．まとめ

　市場販売目的のソフトウェアについて，資産計上までの会計処理の概要をまとめると以下のようになります。

活動	内　容	会計処理
研究開発	「最初に製品化された製品マスター」の完成までに発生した費用	研究開発費として発生時に費用処理。
制作活動	「最初に製品化された製品マスター」の完成後に追加的に発生したすべての費用	製品マスターの取得原価として資産計上（無形固定資産）。 ただし，著しい改良等は研究開発費として発生時に費用処理し，バグ取り等，機能維持に要した費用は，機能の改良・強化を行う制作活動には該当せず，発生時に費用として処理。

Q 4-10 著しい改良の判断基準

Q	製品マスター完成後のバージョンアップにおいて，どのような場合に著しい改良と判断されますか。
A	「著しい改良」とは，研究開発の要素を含む大幅な改良を指しており，例えば主要なプログラムの過半部分を再制作する場合やソフトウェアが動作する環境を変更・追加するために大幅な修正が必要になる場合が該当します。

解 説

　実務指針の「著しい改良」とは，研究開発の要素を含む大幅な改良を指しており，完成に向けて相当程度以上の技術的な困難を伴うものとなります。このような「著しい改良」は，まさに研究開発費等会計基準の定める「研究開発」の定義に該当するため，研究開発費として発生時に費用処理することとなります。

　具体例としては，以下のようなものが挙げられます。

【研究開発費等実務指針第33項】
- 機能の改良・強化を行うために主要なプログラムの過半部分を再制作する場合
- ソフトウェアが動作する環境（オペレーションシステム，言語，プラットフォームなど）を変更・追加するために大幅な修正が必要になる場合

Q4-11　バージョンアップ費用の会計処理

Q	製品マスター完成後のバージョンアップ費用はどのように会計処理されるのでしょうか。
A	ソフトウェアの機能強化や改良を意図して行われるバージョンアップ費用は資産計上され，著しい改良に該当するのであれば研究開発費として処理されます。

解　説

　技術革新の激しいソフトウェア産業においては，ソフトウェアの企画・開発が完了すると同時にそのソフトウェアの陳腐化が始まるといえ，ソフトウェアには開発後も継続的なバージョンアップが必要とされます。

　研究開発費等会計基準では製品マスターまたは購入したソフトウェアの機能改良・強化を行う制作活動のための費用は，著しい改良と認められない限り，資産に計上しなければならないとされています。ここでいう製品マスターの機能改良・強化とは，まさにバージョンアップ費用のことを意味するものと考えられます。

　よって，その会計処理はバージョンアップの性質により異なることとなります。すなわち，ソフトウェアの機能強化や改良を意図して行われるバージョンアップ費用は，通常，ソフトウェアの資産価値向上が認められるものであるところ，著しい改良に該当するのであれば研究開発費として処理することとなります。

図表4-1　バージョンアップの会計処理

区　分	具体的内容	会計処理
著しい改良に該当するバージョンアップ	製品の大部分を作り直すような大幅なもの	研究開発費として発生時に費用処理
著しい改良に該当しないバージョンアップ	既存の製品に機能を追加する，または操作性を向上させるなど，それほど大幅ではないもの	資本的支出として資産計上

　なお，「著しい改良」を判断するにあたっては，研究開発費等実務指針の具体例を参考にしつつ，社内規程などにより，どのような場合が著しいバージョンアップに該当するのか要件・定義などを具体的に定め，継続的な処理を行うことが望ましいと考えられます。

　バージョンアップが著しい改良に該当しない場合，旧バージョンの製品マスターの価値は減少せずに新たに資産価値が付加されることとなるため，新バージョンのための改良費は資本的支出に該当します。旧バージョンの資産残高と新バージョンのための改良費は合算して資産計上することとなります。

　一方，バージョンアップが著しい改良に該当する場合には，新バージョンについては上記のような性質であると判断するところ，旧バージョンについては収益獲得能力がほぼ消滅する，もしくは旧バージョンの販売を中止することが考えられます。このような場合，旧バージョンの会計処理については，資産残高について除却処理，あるいはバージョンアップ後に使用しなくなる部分に見合う追加的な償却処理を行う必要があると考えられます。

図表 4 - 2　旧バージョン部分の会計処理

区　分	会計処理
著しい改良に該当しないバージョンアップの実施	新バージョンアップ費用とあわせて資産計上
著しい改良に該当するバージョンアップの実施	旧バージョン資産残高は除却処理，もしくは追加的な償却処理

Q 4-12 　製品としてのソフトウェアの制作費用の会計処理

Q	製品マスター完成後の製品としてのソフトウェアの制作費用はどのように会計処理されるのでしょうか。
A	製品マスター完成後の製品としてのソフトウェアの制作費は、ソフトウェアの制作原価として処理することとなります。

解説

　製品マスターの完成後，製品マスターを複写して具体的な製品の形にするためにも費用を要します。製品にするために要するこのような制作費は，ソフトウェアの制作原価として処理することとなります。すなわち，製造中であれば仕掛品，完成品であれば製品として棚卸資産に資産計上することとなり，製品マスターの制作費を無形固定資産に計上することとは別個の処理となります。

　パッケージソフトウェア等の製品にするために実際に要する費用には，以下のようなものが挙げられます。

- ソフトウェアの保存媒体（CD-ROM等）の取得原価
- 製品マスターの複写に必要なコンピュータ利用等の経費
- 利用マニュアルまたは使用説明書等の制作のための外注費
- 販売用とするための製品表示や包装に係るコスト
- 制作に携わった従業員の人件費など

Q 4-13 カスタマイズ費用の会計処理

Q	製品マスター完成後のカスタマイズ費用はどのように会計処理されるのでしょうか。
A	カスタマイズ費用は，受注制作のソフトウェアの会計処理に準じた会計処理を行います。

解 説

　カスタマイズ費用とは，ソフトウェアを導入しようとする特定の顧客の注文に基づき，自社の販売している市場販売目的のソフトウェアをベースとし，これを顧客の要望に合わせて作り変えるための費用のことをいいます。

　市場販売目的のソフトウェアのカスタマイズ契約は受託開発契約として締結されることが通常であるといえます。カスタマイズ費用は，顧客の注文に応じて個別に発生する費用であり，製品マスター自体の改良ではなく，製品マスターの複製品の改良であるため，製品マスターそのものの価値の向上として資産計上する性質のものではないと考えられます。

　カスタマイズ費用は，受注制作のソフトウェアの会計処理に準じた会計処理を行うこととなります。

Q 4-14 サポートサービス費用の会計処理

Q	市場販売目的のソフトウェアのサポートサービス費用はどのように会計処理されるのでしょうか。
A	サポートサービス費用は，一般管理費として発生時に費用処理されます。

解 説

　市場販売目的のソフトウェアを販売する企業は，さまざまな不具合等に対応

するため顧客に対してサポートを行うことが一般的です。これは，ソフトウェアを利用するにあたってはパソコン等へのインストールが必要になるところ，インストールの失敗や動作環境の不具合などによりソフトウェアを利用することができなければ，顧客にとって製品を購入した目的が果たせていないこととなるためです。

よって，企業は自社のソフトウェア製品を購入した顧客に対し，不具合の対応や使用方法のアドバイスなどのサポートを行うこととなります。これらのサポートは無償で行うことが多く，カスタマーサポートやメンテナンスサポートなど，主としてサポート業務に従事する人員の人件費・経費などが発生することとなります。

このような無償のサポートサービス費用の会計処理については，提供した業務等が販売した顧客に対するアフターサービスと捉えられる範囲のものであれば，一般管理費として発生時に費用処理することとなります。顧客に対するアフターサービスと捉えられる範囲のものとして，以下のようなものが考えられます。

- 販売価格に当該コストを反映させるほどには金額的な重要性がない場合
- 製品マスターのバージョンアップの提供に相当するような大幅な改良を伴わない場合

なお，無償のサポートサービスを行っており，重要なバグが発生したことなどで費用発生が見込まれ，かつ，その金額を合理的に見積ることが可能であるような場合には，重要性が乏しい場合を除いて引当金を計上することが必要と考えられます。

また，これらのサポートは，インストール費用，トレーニング費用などと同様に別途個別に請負契約を締結してサービスを提供する場合もあります。このような場合には，工事契約会計基準に従い売上を計上するとともに，これに要した費用は売上原価として処理することとなります。

Q 4-15　機器組込みソフトウェアの会計処理

Q	機器に組み込まれた市場販売目的のソフトウェアはどのように会計処理されるのでしょうか。
A	通常は市場販売目的のソフトウェアの会計処理に準じた会計処理を行い，最初に製品化された製品マスターの完成までに要した費用は研究開発費として処理し，研究開発費に該当しないのであれば，収益的支出とされる費用を除き製品マスターの取得原価として無形固定資産に計上します。

解説

　機器組込みソフトウェアとは，機器（ハードウェア）にインストールされているソフトウェアのうち，特定のハードウェアのみと互換性があり，ソフトウェアとハードウェアが有機的一体として機能するソフトウェアのことをいいます。これには，例えばデジタル家電や自動車部品，携帯電話などに組み込まれている専用ソフトウェアが該当します。

　機器組込みソフトウェアについては，機器に組み込むためのソフトウェアのマスターがあること，およびマスターを機器に複写して販売するものであることから，通常は市場販売目的のソフトウェアの一種として取り扱うこととなります。この点，研究開発費等Q＆A（Q18）において以下のように記載されています。

> 　ソフトウェア自体を販売するものではないが，機器組込みソフトウェアが市場販売目的のソフトウェアと同様の価値又は経済効果を有すると考えられるときには，市場販売目的のソフトウェアの会計処理に準じた会計処理を行うこととなります。

　したがって，最初に製品化された製品マスターの完成までに要した費用は研究開発費として処理し，研究開発費に該当しないのであれば，収益的支出とされる費用を除き製品マスターの取得原価として無形固定資産に計上することとなります。

　なお，市場販売目的のソフトウェアと同様の経済効果を有さない場合，すな

わち顧客からの受注により機器組込みソフトウェアを制作し納品するような場合には，受注制作のソフトウェアとして，また，自社内で利用するソフトウェアを制作するような場合には自社利用のソフトウェアとして，それらと同様の会計処理が必要となると考えられます。

Q 4-16 　財務諸表上の表示

Q	市場販売目的のソフトウェアは財務諸表上，どのように表示されますか。
A	市場販売目的のソフトウェアは制作仕掛品であればソフトウェア仮勘定などの勘定科目により，また，完成品であればソフトウェアなどの勘定科目によって，無形固定資産として計上されます。

解　説

　研究開発費等実務指針では，製品マスターの制作原価について，制作仕掛品であればソフトウェア仮勘定などの勘定科目により，また，完成品であればソフトウェアなどの勘定科目によって，以下の理由によりいずれも無形固定資産として計上することと定められています（研究開発費等実務指針10, 35）。

- 製品マスターはそれ自体が販売の対象ではないこと
- 機械装置等と同様にこれを利用（複写）して製品を作成すること
- 製品マスターは法的権利（著作権）を有していること
- 適正な原価計算により取得原価を明確化できること

　なお，無形固定資産としての財務諸表上の表示にあたっては，製品マスターの制作仕掛品と完成品を区分することなく，一括してソフトウェアあるいはその他当該資産を示す名称を付した科目で掲げることとされていますが，制作仕掛品に重要性がある場合にはこれを区分して表示することが望ましいとされています（研究開発費等実務指針10）。

　金融商品取引法関係の開示上の規定をまとめると，以下のようになります。

　(1)　個別財務諸表における開示

- 無形固定資産の「ソフトウェア」として貸借対照表の固定資産の部に記載（財規28）。
- 各無形固定資産に対する減価償却累計額は当該無形固定資産の金額から直接控除し，その控除残高を各無形固定資産の金額として表示しなければならない（同30）。

(2) 連結財務諸表，中間連結財務諸表および中間財務諸表における開示

- 「ソフトウェア」としての独立した開示は特段には求められていない（連規28(1)，中連規29(1)，中財規18(1)）。
- 100分の5基準等の重要性および明瞭性を個別の事案に応じて考慮，検討した上で開示することとなる（連規28(4)，中連規29(2)，中財規18(2)）。

(3) 四半期財務諸表，四半期連結財務諸表における開示

- 「ソフトウェア」としての独立した開示は特段には求められていない（四半期財規35(1)，四半期連規40(1)）。
- 100分の10基準等の重要性および明瞭性を個別の事案に応じて考慮，検討した上で開示することとなる（四半期財規35(2)，四半期連規40(2)）。

Q4-17 会計方針の開示

Q	市場販売目的のソフトウェアの会計方針はどのように開示されますか。
A	市場販売目的のソフトウェアについて，重要な会計方針として採用した減価償却の方法および見込有効期間（年数）の開示が行われます。

解 説

1. 金融商品取引法関係の開示

ソフトウェアの減価償却の方法に関し，重要な会計方針として開示すべき項目および記載上の留意事項は以下のとおりです。

i　開示すべき項目
　市場販売目的のソフトウェアの減価償却方法に関する開示
　ア．市場販売目的のソフトウェアに関して採用した減価償却の方法
　イ．見込有効期間（年数）
ii　記載上の留意事項
　ソフトウェアの減価償却方法の変更は，会計方針の変更に該当する。

　重要な会計方針の注記の一環として「三．固定資産の減価償却の方法」の記載が求められています（財規8の2）。ソフトウェアに関しての個別具体的な規定はないものの，会計基準，実務指針に沿った開示が求められます。

　なお，見込有効期間および見込利用可能期間の変更は，会計上の見積りの変更であり，会計方針の変更には該当しません。ただし，その影響が重要である場合には，変更が行われた旨，その内容および当該変更が財務諸表に及ぼす影響を注記することとなります（研究開発費等実務指針22）。

2．会社法関係の開示

　会社法関係では，以下のとおり注記表において重要な会計方針を開示することが規定されています。具体的には，会計基準，実務指針および実務対応報告の定めに沿った開示が求められていると考えられます。

（個別注記表）固定資産の減価償却方法（会計規132）
（連結注記表）重要な減価償却資産の減価償却の方法（会計規133）

Q4-18　原価計算

Q	市場販売目的のソフトウェアの原価計算はどのように行われますか。
A	製品マスターの制作原価は適正な原価計算を経てソフトウェアとして資産計上されます。原価計算の流れについては3つの方法が考えられます。

　これまでに解説したように，製品マスターの制作原価については「最初に製品化された製品マスター」の完成時点までの費用は研究開発費として処理し，最終版の「製品マスター」が完成するまでに追加的に要した費用は製品マスターの取得原価として資産計上することとなります。

　すなわち，研究開発終了後から製品マスター完成までに発生する直接材料費，直接労務費，外注費等の直接経費，減価償却費，その他経費等，本社費や部門間接費等の配賦される間接経費のすべてが適正な原価計算を経てソフトウェアとして資産計上されることとなります。

　ここでは，製品マスターの制作原価の会計処理とその流れについて解説します。

制作原価の会計処理の流れ

　製品マスターの制作原価の会計処理の流れについては以下の3つの方法が考えられます。

ⅰ　製品マスターの制作原価を製造原価に含めることなく直接的に無形固定資産として計上し，製品マスターの償却費を製造原価の経費として処理する。 ⅱ　製品マスターの制作原価を製造原価に含め，製品マスターの制作仕掛品および完成品を無形固定資産に振り替えることにより製造原価から控除する。また，製品マスターの償却費は製造原価の経費として処理する。 ⅲ　製品マスターの制作原価を製造原価に含め，製品マスターの制作仕掛品および完成品を無形固定資産に振り替えることにより製造原価から控除することとする。また，製品マスターの償却費は売上原価に直接算入する。

　ⅰの方法は，製品マスターの制作に要する材料費，人件費，外注費などの各制作原価について製造原価勘定を通さずに直接ソフトウェア勘定に集計する方法となります。この方法は，製品マスターの制作原価がソフトウェアの制作活動（研究開発活動を除きます）として製造原価の計算に反映されないため，どのような規模でソフトウェアの制作活動が行われたのかが財務諸表上に表示されないという欠点があります。

　ⅱの方法は，ⅰの方法の欠点を解決するために製品マスターの制作原価につ

いて製造原価勘定を通していったんソフトウェア勘定に振り替え，その償却費を再度製造原価勘定へ集計する方法となります。この方法は，製品マスターの制作原価と完成品としての製品マスターの償却費がともに製造原価勘定の中で処理され，償却費部分について製品マスターの制作原価が二重に計上される点において不適切であるといえます。

　iiiの方法を具体的に示すと以下のようになります。

【仕訳例】

Step 1　製品マスターの制作原価を製造原価として計上

(借)	製　造　原　価	×××	(貸)	材　　料　　費	×××
				労　　務　　費	×××
				外　　注　　費	×××

Step 2　当期製造費用から制作仕掛品と完成品を無形固定資産に振替え

(借)	ソフトウェア （無形固定資産）	×××	(貸)	製　造　原　価	×××

(注) 完成品をソフトウェア，制作仕掛品をソフトウェア仮勘定と区別することが考えられます。

Step 3　製品マスターの償却は販売したソフトウェアに対応する償却額とし，ソフトウェアの売上原価に計上

(借)	売　上　原　価	×××	(貸)	ソフトウェア （無形固定資産）	×××

Step 4　製品としてのソフトウェアで販売されなかったもの，および複写等制作途上のものについては，棚卸資産の仕掛品として計上

(借)	仕　　掛　　品	×××	(貸)	製　造　原　価	×××

(注) 製品マスターの償却費は配分されるべき原価が確定しないため，当該仕掛品の原価には含めません。

Q4-19 減価償却の方法

Q	市場販売目的のソフトウェアの減価償却はどのように行われますか。
A	市場販売目的のソフトウェアの取得原価は，見込販売数量に基づく償却方法その他合理的な方法により償却されます。ただし，毎期の償却額は，残存有効期間に基づく均等配分額を下回ってはなりません。

解 説

1．基本的な考え方

　無形固定資産として資産計上されたソフトウェアは，製品マスターとしてそれ自体が販売の対象物となるのではなく，これを利用（複写）して製品を製造するものとなります。そして，複写された製品が販売されることにより収益が計上されるため，費用収益対応の原則に従い，将来に獲得される収益に対応させるために減価償却の手続によって製品マスターの取得原価を利用可能期間にわたり費用配分します。

　市場販売目的のソフトウェアの減価償却方法について，研究開発費等会計基準四5および注解5では以下のように定められています。

- 無形固定資産として計上したソフトウェアの取得原価は，当該ソフトウェアの性格に応じて，見込販売数量に基づく償却方法その他合理的な方法により償却しなければならない。ただし，毎期の償却額は，残存有効期間に基づく均等配分額を下回ってはならない。
- いずれの減価償却方法による場合にも，毎期見込販売数量等の見直しを行い，減少が見込まれる販売数量等に相当する取得原価は，費用又は損失として処理しなければならない。

　また，研究開発費等会計基準および研究開発費等実務指針において定められている市場販売目的のソフトウェアの減価償却の方法の特徴は，以下の3つの点にまとめられます。

> - ソフトウェアの性格に応じて最も合理的と考えられる減価償却の方法を採用すべきであること
> - 減価償却額は，見込販売数量等に基づく償却額と残存有効期間に基づく費用配分額とを比較し，いずれか大きい額を計上すること
> - 減損会計的な考え方が減価償却の方法の中に取り入れられていること

２．減価償却の方法

　市場販売目的のソフトウェアを販売する企業は，取り扱うソフトウェアの性質に応じて，その実態に応じ最も合理的と考えられる減価償却の方法を採用しなければならないといえます。そして，合理的な方法とは，将来獲得されるであろう収益を基準として減価償却を行う方法と考えられます。

　すなわち，有形固定資産の減価償却が当該資産の利用や時の経過による減耗あるいは陳腐化に着目して期間や資産の利用度合いに基づいて行われるのに対し，ソフトウェアの減価償却は，製品マスターが無形であり複製することにより何度でも利用できるため物質的な減耗はなく，また収益の獲得と直接的な対応関係が認められることから，将来獲得されるであろう収益を基準として行うとされています。

　研究開発費等実務指針では，合理的な減価償却の方法として以下の３つの方法を挙げています。

> - 見込販売数量に基づく方法
> - 見込販売収益に基づく方法
> - その他の方法（販売可能な有効期間に基づく方法等）

　これらのいずれの方法を採用するかについては，前述のとおり取り扱うソフトウェアの製品特性等を考慮し，最も合理的と考えられる償却方法を採用すべきといえます。

　例えば，販売可能期間にわたって販売価格に変動がないと予想される製品に対しては見込販売数量に基づく方法が適し，販売期間が経過するにつれて販売価格が下落すると予想される製品に対しては見込販売収益に基づく方法が適していると考えられます。また，販売可能期間にわたって販売価格が安定し，毎

期ほぼ同数の販売量が見込まれるような製品に対しては一定の販売可能な有効期間に基づく償却方法も認められると考えられます。

なお，複数種類の製品を販売している場合には，それぞれの製品の性格に応じて複数の減価償却の方法が会計方針として採用されることも考えられます。

3．残存有効期間の制限を受けること

研究開発費等会計基準では，いずれの償却方法を採用した場合であっても，毎期の償却額は残存有効期間に基づく均等配分額を下回ってはならないことと定められています。これは，ソフトウェア産業においては時の経過による製品マスターの陳腐化が特に早いと考えられ，また，販売開始時点で見込販売数量や見込販売収益を正確に見積ることは困難と考えられることから，残存有効期間の制限を設け償却期間が長期化することを防ぐことを目的とするものです。

さらに，研究開発費等実務指針では販売開始時における残存有効期間は原則として3年以内の年数と定めており，見込販売数量等に基づく償却額と3年以内の残存有効期間に基づく均等配分額とを比較し，いずれか大きい額を減価償却費として計上することとなります。

なお，残存有効期間を3年超えの年数とするときには，合理的な根拠に基づくことが必要であるとされています（研究開発費等実務指針18）。

Q4-20　減価償却の具体例

Q	市場販売目的のソフトウェアの減価償却方法について具体的な例で教えてください。
A	市場販売目的のソフトウェアの減価償却の方法について具体的な設例に基づき，計算例と仕訳例について解説を行います。

解 説

1．見込みどおりの販売実績となった場合

　前述のソフトウェアの減価償却の方法を踏まえ，販売時における見込みどおりの販売実績となった場合を例として解説を行います。

設例4-1 見込みどおりの販売実績となったケース

（前提条件）

① 無形固定資産として計上されたソフトウェアの制作費の総額：300,000千円

② 当該ソフトウェアの見込有効期間：3年

③ 販売開始時における総見込販売数量および総見込販売収益

	各年度の見込販売数量	販売開始時（初年度）の総見込販売数量および各年度の期首の見込販売数量	各年度の見込販売単価	各年度の見込販売収益	販売開始時（初年度）の総見込販売収益および各年度の期首の見込販売収益
	個	個	千円	千円	千円
初年度	1,200	3,500	200	240,000	521,000
2年度	1,500	2,300	150	225,000	281,000
3年度	800	800	70	56,000	56,000

（注） 販売単価は毎期下落する傾向にある。

④ 販売開始時における見込みどおりに各年度の販売収益が計上されたものとする。また，当該ソフトウェアの見込有効期間にも変更がなかったものとする。

（会計処理）

1．見込販売数量に基づく減価償却の方法による場合の減価償却額の計算

　各年度の減価償却額，仕訳例は以下のようになります。

【計算例】

	各年度の実績販売数量	販売開始時（初年度）の総見込販売数量および各年度の期首の見込販売数量	各年度の減価償却額	販売開始時（初年度）または各年度の期首の未償却残高
	個	個	千円	千円
初年度	1,200	3,500	102,857	300,000
2年度	1,500	2,300	128,572	197,143
3年度	800	800	68,571	68,571

各年度の減価償却額の算出：

$$\text{各年度の減価償却額} = \text{ソフトウェアの未償却残高} \times \frac{\text{各年度の実績販売数量}}{\text{各年度の期首（初年度は販売開始時）の見込販売数量}}$$

【仕訳例（単位：千円)】

＜初年度＞

（借） 減 価 償 却 費（ 売 上 原 価 ）	102,857	（貸） ソフトウェア（無形固定資産）	102,857

＜2年度＞

（借） 減 価 償 却 費（ 売 上 原 価 ）	128,572	（貸） ソフトウェア（無形固定資産）	128,572

＜3年度＞

（借） 減 価 償 却 費（ 売 上 原 価 ）	68,571	（貸） ソフトウェア（無形固定資産）	68,571

2．見込販売収益に基づく減価償却の方法による場合の減価償却額の計算

　各年度の減価償却額，仕訳例は以下のようになります。

【計算例】

	各年度の実績販売収益	販売開始時（初年度）の総見込販売収益および各年度の期首の見込販売収益	各年度の減価償却額	販売開始時（初年度）または各年度の期首の未償却残高
	千円	千円	千円	千円
初年度	240,000	521,000	138,196	300,000
2年度	225,000	281,000	129,558	161,804
3年度	56,000	56,000	32,246	32,246

各年度の減価償却額の算出：

$$\text{各年度の減価償却額} = \text{ソフトウェアの未償却残高} \times \frac{\text{各年度の実績販売収益}}{\text{各年度の期首（初年度は販売開始時）の見込販売収益}}$$

【仕訳例】（単位：千円）

＜初年度＞

（借）　減価償却費	138,196	（貸）　ソフトウェア	138,196
（売上原価）		（無形固定資産）	

＜2年度＞

（借）　減価償却費	129,558	（貸）　ソフトウェア	129,558
（売上原価）		（無形固定資産）	

＜3年度＞

（借）　減価償却費	32,246	（貸）　ソフトウェア	32,246
（売上原価）		（無形固定資産）	

　なお，1と2の計算結果を比較して明らかなとおり，販売が進むにつれ販売価格が下落する性格を有するソフトウェアの場合には，販売収益に基づく減価償却の方法を採用するほうが，収益との合理的な対応が図られることとなります。

（参考）　研究開発費等実務指針　設例1

2．残存有効期間の制限を受ける場合

　次に，販売時における見込みどおりの販売実績となるものの，残存有効期間に基づく均等配分額の制限を受ける場合を例とします。

設例 4 - 2　残存有効期間の制限を受けるケース

（前提条件）

① 　無形固定資産として計上されたソフトウェアの制作費の総額：300,000千円

② 　当該ソフトウェアの見込有効期間：3年

③ 　販売開始時における総見込販売数量および総見込販売収益

	各年度の見込販売数量	販売開始時（初年度）の総見込販売数量および各年度の期首の見込販売数量	各年度の見込販売単価	各年度の見込販売収益	販売開始時（初年度）の総見込販売収益および各年度の期首の見込販売収益
	個	個	千円	千円	千円
初年度	1,100	3,000	200	220,000	445,000
2年度	700	1,900	150	105,000	225,000
3年度	1,200	1,200	100	120,000	120,000

（注）　販売単価は毎期下落する傾向にある。

④ 　販売開始時における見込みどおりに各年度の販売収益が計上されたものとする。また，当該ソフトウェアの見込有効期間にも変更がなかったものとする。

（会計処理）

1．見込販売数量に基づく減価償却の方法による場合の減価償却額の計算

　各年度の減価償却額，仕訳例は以下のようになります。

【計算例】

	各年度の実績販売数量	販売開始時（初年度）の総見込販売数量および各年度の期首の見込販売数量	見込販売数量に基づく各年度の減価償却額 A	残存有効期間に基づく均等配分償却額 B	各年度の減価償却実施額（AとBのいずれか大きい金額）	販売開始時（初年度）または各年度の期首の未償却残高
初年度	個 1,100	個 3,000	千円 110,000 *a	千円 100,000 *b	千円 110,000	千円 300,000
2年度	700	1,900	70,000 *c	95,000 *d	95,000	190,000
3年度	1,200	1,200	95,000	95,000	95,000	95,000

(1)　初年度においては，見込販売数量に基づく減価償却額が残存有効期間に基づく均等配分償却額を上回ることとなるため，見込販売数量に基づく減価償却額をもって減価償却費を計上することとなります。

〔初年度における減価償却額の計算〕

*a　ソフトウェアの取得価額 $\times \dfrac{\text{当年度の実績販売数量}}{\text{販売開始時の総見込販売数量}}$

$$= 300,000\text{千円} \times \dfrac{1,100\text{個}}{3,000\text{個}} = 110,000\text{千円}$$

*b　$\dfrac{\text{ソフトウェアの取得価額}}{\text{残存有効期間}} = \dfrac{300,000\text{千円}}{3\text{年}} = 100,000\text{千円}$

(2)　2年度においては，見込販売数量に基づく減価償却額が残存有効期間に基づく均等配分償却額を下回ることとなるため，残存有効期間に基づく均等配分償却額をもって減価償却費を計上することとなります。

〔2年度における減価償却額の計算〕

*c　当期首未償却残高 $\times \dfrac{\text{当年度の実績販売数量}}{\text{当期首の見込販売数量}}$

$$= 190,000\text{千円} \times \dfrac{700\text{個}}{1,900\text{個}} = 70,000\text{千円}$$

*d　$\dfrac{\text{当期首未償却残高}}{\text{残存有効期間}} = \dfrac{190,000\text{千円}}{2\text{年}} = 95,000\text{千円}$

(3)　3年度では，当期首の未償却残高を減価償却費として計上することとなります。

【仕訳例】（単位：千円）
＜初年度＞

（借）　減 価 償 却 費	110,000	（貸）　ソフトウェア	110,000
（ 売 上 原 価 ）		（無形固定資産）	

＜2年度＞

（借）　減 価 償 却 費	95,000	（貸）　ソフトウェア	95,000
（ 売 上 原 価 ）		（無形固定資産）	

＜3年度＞

（借）　減 価 償 却 費	95,000	（貸）　ソフトウェア	95,000
（ 売 上 原 価 ）		（無形固定資産）	

２．見込販売収益に基づく減価償却の方法による場合の減価償却額の計算

各年度の減価償却額，仕訳例は以下のようになります。

【計算例】

	各年度の実績販売収益	販売開始時（初年度）の総見込販売収益および各年度の期首の見込販売収益	見込販売収益に基づく各年度の減価償却額 A	残存有効期間に基づく均等配分償却額 B	各年度の減価償却実施額（AとBのいずれか大きい金額）	販売開始時（初年度）または各年度の期首の未償却残高
	千円	千円	千円	千円	千円	千円
初年度	220,000	445,000	148,314 *a	100,000 *b	148,314	300,000
2年度	105,000	225,000	70,786 *c	75,843 *d	75,843	151,686
3年度	120,000	120,000	75,843	75,843	75,843	75,843

(1)　初年度においては，見込販売収益に基づく減価償却額が残存有効期間に基づく均等配分償却額を上回ることとなるため，見込販売収益に基づく減価償却額をもって減価償却費を計上することとなります。

〔初年度における減価償却額の計算〕

*a　ソフトウェアの取得価額 $\times \dfrac{\text{当年度の実績販売収益}}{\text{販売開始時の総見込販売収益}}$

$$= 300{,}000\text{千円} \times \dfrac{220{,}000\text{千円}}{445{,}000\text{千円}} = 148{,}314\text{千円}$$

*b　$\dfrac{\text{ソフトウェアの取得価額}}{\text{残存有効期間}} = \dfrac{300{,}000\text{千円}}{3\,\text{年}} = 100{,}000\text{千円}$

(2)　2年度においては，見込販売収益に基づく減価償却額が残存有効期間に基づく均等配分償却額を下回ることとなるため，残存有効期間に基づく均等配分償却額をもって減価償却費を計上することとなります。

〔2年度における減価償却額の計算〕

*c　当期首未償却残高 $\times \dfrac{\text{当年度の実績販売収益}}{\text{当期首の見込販売収益}}$

$$= 151{,}686\text{千円} \times \dfrac{105{,}000\text{千円}}{225{,}000\text{千円}} = 70{,}786\text{千円}$$

*d　$\dfrac{\text{当期首未償却残高}}{\text{残存有効期間}} = \dfrac{151{,}686\text{千円}}{2\,\text{年}} = 75{,}843\text{千円}$

(3)　3年度では，当期首の未償却残高を減価償却費として計上することとなります。

【仕訳例】（単位：千円）

＜初年度＞

（借）	減価償却費 （売上原価）	148,314	（貸）	ソフトウェア （無形固定資産）	148,314

＜2年度＞

（借）	減価償却費 （売上原価）	75,843	（貸）	ソフトウェア （無形固定資産）	75,843

＜3年度＞

（借） 減 価 償 却 費 （ 売 上 原 価 ）	75,843	（貸） ソ フ ト ウ ェ ア （無形固定資産）	75,843

（参考） 研究開発費等実務指針　設例2

Q4-21　減価償却における見積りの変更

Q	市場販売目的のソフトウェアの減価償却における見積りの変更はどのように行われますか。
A	市場販売目的のソフトウェアの減価償却において見込販売数量（または見込販売収益）を変更した場合，変更後の見込販売数量（または見込販売収益）に基づき，当事業年度および将来の期間の損益で認識します。

解 説

1．基本的な考え方

　市場販売目的のソフトウェアの減価償却の方法として見込販売数量（または見込販売収益）に基づく減価償却を行う場合には，販売開始時点で販売可能な有効期間における見込販売数量（または見込販売収益）を見積ることが必要です。しかし，販売開始以後に生じる新たな事実の発生や経済環境等のさまざまな変化などにより，通常，販売開始時点の見積りは変動していくものといえます。

　過年度遡及会計基準第17項において，「会計上の見積りの変更は，当該変更が変更期間のみに影響する場合には，当該変更期間に会計処理を行い，当該変更が将来の期間にも影響する場合には，将来にわたり会計処理を行う。」こととされています。

　このため，販売開始後の見込販売数量（または見込販売収益）の見直しの結果，見込販売数量（または見込販売収益）を変更した場合には，変更後の見込販売数量（または見込販売収益）に基づき，当事業年度および将来の期間の損

益で認識することとなります。

　なお，耐用年数の変更について，過去に定めた耐用年数がその時点での合理的な見積りに基づくものでなく，これを事後的に合理的な見積りに基づいたものに変更する場合には，会計上の見積りの変更ではなく過去の誤謬の訂正に該当することに留意が必要です。

2．見込販売数量（または見込販売収益）を変更した場合の減価償却方法の計算例

　見込販売数量（または見込販売収益）を変更した場合について，具体的な設例に基づき解説を行います。ここでは，見込販売収益に基づく減価償却の方法による場合を例としますが，見込販売数量に基づく減価償却の方法による場合も基本的な考え方は同様となります。

設例4-3　**見込販売数量および見込販売収益を変更した場合の減価償却方法**

（前提条件）

① 　無形固定資産として計上されたソフトウェアの制作費の総額：300,000千円
② 　当該ソフトウェアの見込有効期間：3年
③ 　販売開始時における総見込販売数量および総見込販売収益

	各年度の見込販売数量	販売開始時（初年度）の総見込販売数量および各年度の期首の見込販売数量	各年度の見込販売単価	各年度の見込販売収益	販売開始時（初年度）の総見込販売収益および各年度の期首の見込販売収益
	個	個	千円	千円	千円
初年度	1,000	3,500	200	200,000	495,000
2年度	1,500	2,500	150	225,000	295,000
3年度	1,000	1,000	70	70,000	70,000

（注）　販売単価は毎期下落する傾向にある。

④ 　販売初年度および2年度は見込みどおりに販売されたが，3年度の見込販売数量・見込販売収益が下表のとおり減少するものとする。3年度の見込販売数量および見込販売収益が，当初の見込みの1,000個（70,000千円）に対し，800個（48,000千円）に減少している。

	初年度および2年度の実績販売数量ならびに3年度の見込販売数量	販売開始時（初年度）の総見込販売数量および各年度の期首の見込販売数量	初年度および2年度の実績販売単価ならびに3年度の見込販売単価	初年度および2年度の実績販売収益ならびに3年度の見込販売収益	販売開始時（初年度）の総見込販売収益および各年度の期首の見込販売収益
初年度	個 1,000	個 3,500	千円 200	千円 200,000	千円 495,000
2年度	1,500	2,500	150	225,000	295,000
3年度	800	800	60	48,000	48,000

⑤ 過去に見積った見込販売数量（または見込販売収益）はその時点での合理的な見積りに基づくものとする。

（会計処理）

【計算例】

	各年度の実績販売収益	販売開始時（初年度）の総見込販売収益および各年度の期首の見込販売収益	見込販売収益に基づく各年度の減価償却額 A	残存有効期間に基づく均等配分償却額 B	各年度の減価償却実施額（AとBのいずれか大きい金額）	販売開始時（初年度）または各年度の期首の未償却残高
初年度	千円 200,000	千円 495,000	千円 121,212 *a	千円 100,000 *b	千円 121,212	千円 300,000
2年度	225,000	295,000	136,363 *c	89,394 *d	136,363	178,788
3年度	48,000	48,000	42,425	42,425	42,425	42,425

(1) 初年度においては，見込販売収益に基づく減価償却額が残存有効期間に基づく均等配分償却額を上回ることとなるため，見込販売収益に基づく減価償却額をもって減価償却費を計上することとなります。

〔初年度における減価償却額の計算〕

*a　ソフトウェアの取得価額 × $\dfrac{当年度の実績販売収益}{販売開始時の総見込販売収益}$

$$= 300{,}000 千円 \times \dfrac{200{,}000 千円}{495{,}000 千円} = 121{,}212 千円$$

*b　$\dfrac{ソフトウェアの取得価額}{残存有効期間} = \dfrac{300{,}000 千円}{3 年} = 100{,}000 千円$

(2)　見込販売収益の見直しの結果，2年度末において見込販売収益の変更が行われた場合の2年度における減価償却額の計算は，以下のとおりです。なお，本設例では年度末において見込販売収益の変更が行われたものとしていますが，会計上の見積りの変更は適宜行われる可能性があることに留意が必要です。

　2年度においては，見込販売収益に基づく減価償却額が残存有効期間に基づく均等配分償却額を上回ることとなるため，見込販売収益に基づく減価償却額をもって減価償却費を計上することとなります。

〔2年度における減価償却額の計算〕

*c　当期首未償却残高 × $\dfrac{当年度の実績販売収益}{当期首の見込販売収益}$

$$= 178{,}788 千円 \times \dfrac{225{,}000 千円}{295{,}000 千円} = 136{,}363 千円$$

*d　$\dfrac{当期首未償却残高}{残存有効期間} = \dfrac{178{,}788 千円}{2 年} = 89{,}394 千円$

(3)　3年度では，当期首の未償却残高を減価償却費として計上することとなります。

【仕訳例】（単位：千円）

＜初年度＞

（借）　減価償却費 　　　　（売上原価）	121,212	（貸）　ソフトウェア 　　　　（無形固定資産）	121,212

＜2年度＞

（借）　減価償却費 　　　　（売上原価）	136,363	（貸）　ソフトウェア 　　　　（無形固定資産）	136,363

＜3年度＞

| （借） | 減価償却費 | 42,425 | （貸） | ソフトウェア | 42,425 |
| | （売上原価） | | | （無形固定資産） | |

（参考）　研究開発費等実務指針　設例3

Q4-22 減損処理

Q	市場販売目的のソフトウェアの減損処理はどのように行われますか。
A	市場販売目的のソフトウェアの減価償却において未償却残高が翌期以降の見込販売収益の額を上回った場合，当該超過額は一時の費用または損失として処理します。

解説

1．基本的な考え方

　当初の販売計画においてはソフトウェアの制作費用を十分に回収できるだけの収益を見込んで販売を開始したものの，販売期間の経過に伴い販売数量の減少や販売単価の下落が生じ，未償却残高が翌期以降の見込販売収益の合計額を上回ることもあります。

　このような処理は，会計基準および実務指針において「減損処理」という文言は用いられてはいませんが，減損処理に類似した会計処理であると解されています。ここで，減損会計基準においては，他の会計基準，指針等においてすでに減損処理に類似した会計処理が定められている場合には，減損会計基準の対象資産から除くことが適当とされています（減損会計適用指針6(3)，69）。

　したがって，会計基準において無形固定資産として計上されている市場販売目的のソフトウェアについて，未償却残高が翌期以降の見込販売収益の額を上回った場合，当該超過額は一時の費用または損失として処理するため，減損会計基準の対象資産からは除かれることとなります。

2．減損した場合の減価償却方法の計算例

　各年度末の未償却残高が翌期以降の見込販売収益を超過（減損）した場合について，具体的な設例に基づき解説を行います。ここでは見込販売数量に基づく減価償却の方法による場合を例としますが，見込販売収益に基づく減価償却の方法による場合も基本的な考え方は同様となります。

設例 4 - 4　**減損した場合の減価償却方法**

（**前提条件**）

　前述の設例 4 - 1 と同様とし，翌期以降の見込販売収益の額と未償却残高を対比すると以下のようになる。

	各年度末の未償却残高 A	販売開始時の総見込販売収益および各年度末の見込販売収益 B	各年度末における見込販売収益を上回る未償却残高の金額 C＝A－B
販売開始時	千円 300,000	千円 521,000	千円 －
初年度	197,143	281,000	－
2 年度	68,571	56,000	12,571
3 年度	－	－	－

（**会計処理**）

　市場販売目的のソフトウェアの経済価値は，将来の収益獲得に基づくものと考えられるため，各年度末の未償却残高が翌期以降の見込販売収益の額を上回った場合には，当該超過額は一時の費用または損失として処理することが妥当となります。

　本設例では，2 年度末における未償却残高は68,571千円となり，翌期以降の見込販売収益56,000千円を上回ることとなるため，超過額12,571千円については 2 年度末において一時の費用または損失として処理することが妥当となります。

（出所）　研究開発費等実務指針　設例 5

受注制作のソフトウェア

- 受注制作のソフトウェアは，請負工事の会計処理に準じた処理を行うこととされており，工事契約会計基準および工事契約適用指針に従って会計処理をすることとなります。
- 進捗部分について「成果の確実性」が認められる場合には，収益認識に関して工事進行基準が適用され，「成果の確実性」が認められない場合には，工事完成基準が適用されることとなります。

Q5-1 定　義

| Q | 受注制作のソフトウェアは，どのように定義されているのでしょうか。 |
| A | 特定のユーザー向けに制作し，提供するソフトウェアのことを指します。 |

解説

　受注制作のソフトウェアとは，ソフトウェア収益実務対応報告1(1)②において以下のように定義されています。

【受注制作のソフトウェアの定義】
- 受注制作のソフトウェアとは特定のユーザー向けに制作し，提供するソフトウェアをいう。
- 請負契約，委任契約，システム・エンジニアリング・サービス（SES）契約等に基づくさまざまなソフトウェア関連業務があるが，契約の形式にかかわらず，例えば，一定のプログラムを作成することとしている等，ソフトウェアとしての一定の機能を有する成果物が給付の対象となるような取引をいう。

　会計基準では，ソフトウェアの制作費は将来の収益との対応関係に着目し，制作目的に応じて会計処理がなされます。ソフトウェアは販売目的のソフトウェアと自社利用のソフトウェアとに区分され，さらに販売目的のソフトウェアは受注制作のソフトウェアと市場販売目的のソフトウェアとに分類されます。

図表5-1　ソフトウェアの分類

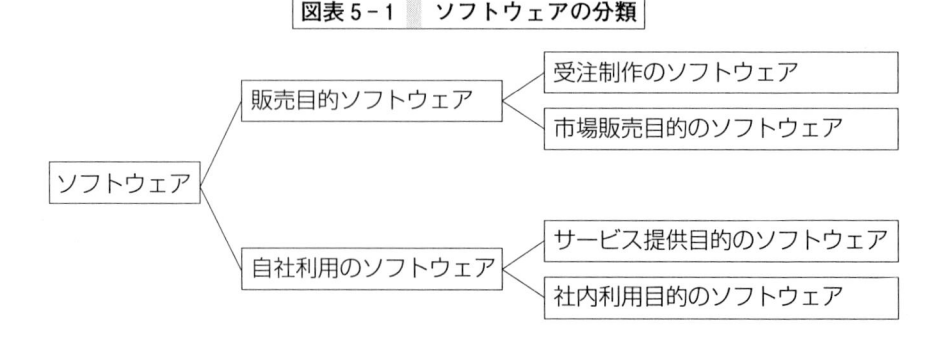

Q5-2　該当する契約形態

Q	どのような契約形態が受注制作のソフトウェアに当てはまるのでしょうか。
A	契約形態にかかわらず，ソフトウェアとしての一定の機能を有する成果物の給付が対象となる取引であれば，受注制作のソフトウェアに該当します。

解説

　顧客であるユーザーとの契約の形式が請負契約以外であっても，すなわち，委任契約やシステム・エンジニアリング・サービス（SES）契約などであっても，受注制作のソフトウェアの定義に基づきソフトウェアとしての一定の機能を有する成果物の給付が対象となる取引であれば，受注制作のソフトウェアの範囲に含めて考えることとなります。一般的には請負契約の形式を採るケースが多いと考えられますが，上記定義に該当するか否かを経済的実態に即して判断し，会計処理を行うこととなります。

　なお，請負契約，委任契約，SES契約の一般的な相違をまとめると，図表5-2のようになります。

図表 5 - 2　　各契約の内容

契約内容	請負契約	委任契約	SES契約
責任の対象	仕事の完成・結果	一定の行為の遂行	一定の行為の遂行（委任契約の一種）
成果物の完成・納品責任	あり	なし	なし
瑕疵担保責任	あり	なし	なし
取引の対価	成果物に対応する一定金額として決定	委任期間に応じた一定金額として決定	単価×作業時間，単価×稼動時間など
制作指揮・命令	受注制作会社	委任企業	作業依頼会社

> **ここ注意！**
> 　成果物の給付が目的ではなく，保守や運用サービスのように労働の対価を提供することが主である取引については，受注制作のソフトウェアには該当しません。

Q5-3　市場販売目的のソフトウェアおよび研究開発との相違点

Q	市場販売目的のソフトウェアおよび研究開発とは，どのような違いがあるのでしょうか。
A	【市場販売目的のソフトウェアとの相違点】 市場販売目的のソフトウェアが量産品であるのに対し，受注制作のソフトウェアはいわゆるオーダーメイドのソフトウェアを指すという点が異なります。 【研究開発との相違点】 上述のように，研究開発費等会計基準等に定義されている費用については研究開発費となりますが，受注制作の過程において機能が著しく向上する場合，顧客が負担すべき費用に関しては制作原価として処理することになります。

解 説

1．市場販売目的のソフトウェアとの区分

　市場販売目的のソフトウェアと受注制作のソフトウェアを比較すると，市場販売目的のソフトウェアが量産品であるのに対し，受注制作のソフトウェアはいわゆるオーダーメイドのソフトウェアを指すという点が異なります。通常，受注制作のソフトウェアとは特定の顧客から請負契約の形式により，顧客の注文に応じて制作するソフトウェアのことをいいます。

　さらに，ソフトウェアの基本構造に基づき解説を行います。受注制作のソフトウェアの基本構造は，図表5-3のようになります。

| 図表5-3 | 受注制作のソフトウェアの基本構造 |

応用ソフト
（受注して制作する部分）

ミドルウェア
（技術適応力を高めるための既存ソフト）

基本ソフト
（ベースとなる既存ソフト）

　ソフトウェア制作においては，完全に初めからオリジナルのプログラムを組み立てるのではなく，既存のソフトウェアをベースとして開発を加えることとなります。このベースとなるものを基本ソフト（基盤ソフト）といい，UNIXやWindowsなどが一般的に知られています。

　次に，顧客であるユーザーの要求に適格に対応できるよう，中間に技術適応力を高めるためのアプリケーションを入れることが多々あります。これをミドルウェアといいます。OracleやSQL Serverなどのデータベース管理システムも広義のミドルウェアとされることがあります。基本ソフトやミドルウェアは市販されており，市場販売目的のソフトウェアに分類されると考えられます。

　そして，自社で制作することとなるソフトウェアは，さらにその上層部分であり，これを応用ソフトといいます。通常，この応用ソフト部分が受注制作のソフトウェアに分類されると考えられます。基本ソフトやミドルウェアを利用して応用ソフトを制作することとなりますが，この際，基本ソフトやミドルウェアについては基本的にはユーザーの要求や受注案件の規模に応じてその都度，適切なソフトウェアを選定することが一般的です。よって，自社で開発したソフトを利用する場合もあれば，市販されているものを利用することもあります。

2．研究開発との区分

　ソフトウェア制作と研究開発とは一体不可分の関係にあります。ソフトウェア業界においては，通常想定した研究開発段階のみならず，設計，プログラミ

ング，機能強化の各段階で研究開発が行われる場合もあります。すなわち，顧客であるユーザーに対して特定の仕様に対応しようと創意工夫を重ねていく過程において，例えば処理速度や画面の操作性が格段に向上する手法が生み出されるなど，その機能が著しく向上することが多いといえます。

このような場合において，各種設計やコーディング作業にかかるコストは，たとえ著しく機能が向上したとしても，ユーザーが負担すべきものであるため当然に制作原価として処理されることとなります。

また，各種設計中，コーディング中に開発された新規性の高い技術については特許権を取得する可能性が考えられます。

特許権の取得を目指すためのコストは，会計基準に従い研究開発費として処理されることとなりますが，その後，知的財産権として評価できる段階にまで到達すれば，特許権の取得原価に算入される部分が発生することも考えられます。

Q5-4　適用される会計基準

Q	受注制作のソフトウェアに適用される会計基準を教えてください。
A	受注制作のソフトウェアには，工事契約会計基準をはじめ，ソフトウェア関連基準，研究開発費関連基準が適用されます。

解　説

1．会計基準等

受注制作のソフトウェアの会計処理に関連する会計基準等には，図表5-4に掲げたようなものがあります。

図表5－4　受注制作ソフトウェアに関連する会計基準等

勘　定	会計基準等	内　　容
売上およ び原価	企業会計原則・企業 会計原則注解	• 一般に公正妥当と認められる企業会計の基準
	工事契約会計基準	• 受注制作ソフトウェアに係る収益およびその 原価に関し，施工者における会計処理および 開示についての基準
	工事契約適用指針	• 受注ソフトウェアに係る収益およびその原価 に関する，会計実務における指針 • 受注ソフトウェアの施工者における会計処理 等についての具体的な取扱いの記載
売上	ソフトウェア収益実 務対応報告	• ソフトウェア取引の収益に関する基準の明確化 • ソフトウェア取引の収益の認識および測定に 関する会計上の考え方や実務上の留意事項の 記載
原価	原価計算基準	• 原価計算に係る一般的基準 • ソフトウェアの取得原価の算定にあたり，適用 すべき原価計算手続の基本的な考え方の記載
	研究開発費等意見書	• 研究開発費等会計基準設定にあたっての基本 的な考え方 • 研究開発費等会計基準の要点の記載
	研究開発費等会計基 準，研究開発費等会 計基準の一部改正	• 研究開発費等の会計処理の基準 • ソフトウェア制作過程における研究開発の範 囲および研究開発費に該当しないソフトウェ ア制作費に係る会計処理の記載
	研究開発費等実務指 針	• 研究開発費等の会計実務における指針 • 研究開発費およびソフトウェアの会計処理等 についての具体的な取扱いの記載
	研究開発費等Q＆A	• 研究開発費およびソフトウェアの会計処理に 関する実務上の取扱いの具体例の記載
棚卸資産	棚卸資産会計基準	• 棚卸資産（受注制作ソフトウェアの仕掛品） の評価および開示の基準
全般	情報サービス産業にお ける監査上の諸問題	• 情報サービス産業における監査上の留意事項 や会計基準の明確化への提言の記載

2．工事契約会計基準等の適用について

　工事契約会計基準および工事契約適用指針は工事契約に係る収益およびその原価に関し，施工者における会計処理および開示について定めたものです。ここで，上記基準において「工事契約」とは，以下のように定められています。

【工事契約会計基準第4項】
　「工事契約」とは，仕事の完成に対して対価が支払われる請負契約のうち，土木，建築，造船や一定の機械装置の製造等，基本的な仕様や作業内容を顧客の指図に基づいて行うものをいう。

【工事契約会計基準第5項】
　受注制作のソフトウェアについても，前項の工事契約に準じて本会計基準を適用する。

　受注制作のソフトウェアは請負工事の会計処理に準じた処理を行うこととされており（研究開発費等会計基準四1），これは工事契約に含まれるものといえるため，受注制作のソフトウェアに係る施工者における収益およびその原価に関しては工事契約会計基準および工事契約適用指針に従って会計処理をすることとなります。

　なお，上記会計基準は，適用開始以後，他の会計基準等の取扱いに優先して適用されることとなります（工事契約会計基準2, 32）。

❗ 「収益認識に関する会計基準」適用に伴う影響

　令和3年4月1日以後開始する連結会計年度および事業年度の期首から新収益認識会計基準の適用により，工事契約会計基準および工事契約適用指針が廃止されます。

　工事契約会計基準および工事契約適用指針の廃止により，収益の認識方法が今までと異なる可能性があります。

　詳細は「第6章　新収益認識会計基準導入の影響」をご参照ください。

Q5-5　基本的な会計処理の概要

Q	受注制作のソフトウェアに適用される，工事契約会計基準の会計処理の概要を教えてください。
A	工事契約会計基準の会計処理の特徴としては，収益認識に関して，工事進行基準または工事完成基準のいずれかを適用すること，費用認識に関して，工事損失引当金の計上要否を検討することが挙げられます。

解 説

1．工事契約会計基準の概要

　受注制作のソフトウェアに適用される，工事契約会計基準の基本的な会計処理の概要は図表5-5のようになります。

図表5-5　**工事契約会計基準の概要**

項　目	詳細な内容
成果の確実性に基づく収益認識	「成果の確実性」が認められる➡工事進行基準 「成果の確実性」が認められない➡工事完成基準 ＊成果の確実性について要件あり。
工事損失引当金計上	工事契約から赤字が見込まれる場合，工事損失引当金の計上が必要となる。

　上記収益認識に関連し，成果の確実性が認められるための要件については「Q5-11　工事進行基準の適用要件」にて後述します。

2．収益認識について

　受注制作のソフトウェアの収益認識に関する会計処理については，工事契約会計基準が優先して適用されつつも，ソフトウェア収益実務対応報告や監査上の諸問題なども適切な会計処理の指針となっています。

　受注制作のソフトウェアの収益認識については，成果の確実性が認められるか否かにより工事進行基準または工事完成基準が適用されることとなります

（工事契約会計基準 9 ）。

　ソフトウェア取引は無形資産の取引であることから開発完了や検収の時点を客観的に把握することは困難であり，また，その契約形態も 1 つの契約書の中に複数の成果物の引渡しが約されるなど複雑であることから，従来不適切な会計処理も指摘されていました。詳細については「Ｑ 5 -20　複合取引」，「Ｑ 5 -21　分割検収」にて解説します。

3．費用認識について

　受注制作のソフトウェアの制作原価については，原価計算基準に従って適正に算定することとされています（工事契約会計基準 6 (6)）。そして，工事原価には，工事契約に係る認識の単位に含まれる施工者の義務を果たすためのすべての原価が含まれるとされています（工事契約会計基準33）。

　ソフトウェアの制作原価については収益認識と同様，契約形態が複雑であり認識単位の判断に影響すること，さらに無形資産であることから開発の開始時期についても客観的に判断し難いことにも留意が必要です。

　また，工事契約から損失が見込まれる場合に，工事損失引当金が計上されることとなります。

　受注制作のソフトウェアの制作原価については，「Ｑ 5 -22　制作原価」にて詳細な解説を行うこととします。

！　「収益認識に関する会計基準」適用に伴う影響

　令和 3 年 4 月 1 日以後開始する連結会計年度および事業年度の期首から新収益認識会計基準の適用により，工事契約会計基準および工事契約適用指針が廃止されます。

　新収益認識会計基準では，履行義務を充足した時，または充足するにつれて取引価格のうち当該履行義務に配分した額について収益を認識します。識別したそれぞれの履行義務について，契約開始時点において履行義務が一定の期間にわたって充足されるものであるか否かを検討します。

　工事契約について工事原価総額等が工事収益総額を超過する可能性が高く，かつ，その金額を合理的に見積ることができる場合には，その超過すると見込まれる

額のうち，当該工事契約に関してすでに計上された損益の額を控除した残額を，工事損失が見込まれた期の損失として処理し，工事損失を計上することとなっています（新収益認識適用指針90）。受注制作のソフトウェアについても工事契約に準じて適用されます（新収益認識適用指針91）。

　詳細は「第6章　新収益認識会計基準導入の影響」をご参照ください。

Q5-6　工事進行基準および工事完成基準

Q	工事進行基準と工事完成基準の相違点は何でしょうか。
A	工事進行基準と工事完成基準は，工事収益および工事原価を認識するタイミングが相違します。 具体的には，図表5-6にて記載しています。

解 説

1．工事進行基準と工事完成基準

　収益認識には一般的に実現主義の原則（企業会計原則第二 三B）が適用されるところ，受注制作のソフトウェアに関しては請負工事の会計処理に準じた処理を行うこととされています（研究開発費等会計基準四1）。よって，請負工事に関する基準である工事契約会計基準に従い，その進捗部分について成果の確実性が認められる場合には工事進行基準を適用し，この要件を満たさない場合には工事完成基準を適用することとなります（工事契約会計基準9）。各収益認識基準の内容は図表5-6のとおりです。

図表5-6　工事進行基準と工事完成基準

認識基準	内　　容
工事進行基準	工事契約に関して，工事収益総額，工事原価総額および決算日における工事進捗度を合理的に見積り，これに応じて当期の工事収益および工事原価を認識する方法

工事完成基準	工事契約に関して，工事が完成し，目的物の引渡しを行った時点で，工事収益および工事原価を認識する方法

2．工事進行基準と工事完成基準のメリット・デメリット

　工事進行基準と工事完成基準には，それぞれ図表5-7のようなメリット・デメリットがあります（○：メリット，●：デメリット）。

図表5-7　工事進行基準と工事完成基準の比較

	工事進行基準	工事完成基準
売上の計上時期	○作業等の進捗に応じて収益計上	●完成・引渡し時に全額売上計上
恣意的な売上計上の可能性	●見積総原価に恣意性が介入する可能性がある	○完成・引渡し時点さえ客観的に判断できれば恣意性が介入する可能性は低い
業績の期間比較	○期間比較は容易	●工事期間が長期にわたる場合，期間比較は困難
見積総原価の見積りおよび見直し	●必要	○内部統制上は進捗管理が必要だが，財務会計上は必要ない

！　「収益認識に関する会計基準」適用に伴う影響

　令和3年4月1日以後開始する連結会計年度および事業年度の期首から新収益認識会計基準の適用により，工事契約会計基準および工事契約適用指針が廃止されます。

　新収益認識会計基準では，履行義務を充足した時，または充足するにつれて取引価格のうち当該履行義務に配分した額について収益を認識します。識別したそれぞれの履行義務について，契約開始時点において履行義務が一定の期間にわたって充足されるものであるか否かを検討します。

　詳細は「第6章　新収益認識会計基準導入の影響」をご参照ください。

Q5-7 収益認識のための要件

Q	工事完成基準を適用した場合の，基本的な収益認識のための要件を教えてください。
A	ソフトウェアの完成，納品・検査，成果物の検収というプロセスを経て，成果物の引渡しが完了した時点で収益を認識します。

解　説

1．収益認識に関する基本的な考え方

　受注制作のソフトウェア取引に関する収益認識についての基本的な考え方は次のようになります。

　ソフトウェア収益実務対応報告によれば，受注制作のソフトウェア取引については通常，顧客（ユーザー）の側で契約内容に応じて成果物がその一定の機能を有することについての確認が行われることにより，成果物の提供が完了すると考えられます。これは，受注制作のソフトウェア取引がオーダーメイドによるものであり，その仕様（スペック）は確定していないため上記のように確認を行うことが求められるためといえます。

　したがって，契約上の取引相手との間で取り決めた成果物の内容に応じて，検収等によりその成果物の提供の完了を確認することで収益を認識することが一般的です。これには，例えば顧客との間の取引において，単に制作するだけでなく契約において定められた機能を有する状態にすることなどが挙げられます（ソフトウェア収益実務対応報告2⑴②）。

　これを業務的な側面から捉えると，受注制作のソフトウェア取引においては完成，納品・検査，成果物の検収といったプロセスを経た上で，実態としての検収を受けてから引渡し終了として収益認識を行う必要があると言い換えることができます。

【（工事完成基準による）受注制作のソフトウェアの収益認識のための要件】
● ソフトウェアの完成

> - ソフトウェアの納品・検査
> - ソフトウェアの成果物の検収

2．受注制作のソフトウェアの引渡し

　受注制作のソフトウェアの引渡しにおける各プロセスの詳細は以下のようになります。

> ①　ソフトウェアの完成
> 　ソフトウェアの受注制作を請け負った企業において，品質管理上のルールに合致したソフトウェアとして完成していることが確認できていること。
> ②　ソフトウェアの納品・検査
> 　完成したソフトウェアを顧客に納品し，顧客の検査を受けることによって実際に稼動し，機能することが確認できていること。
> ③　ソフトウェアの成果物の検収
> 　契約書により顧客への引渡しが定められているソフトウェアの成果物（例えば設計書，仕様書，マニュアル，プログラムを記録したCD-ROMなど）が引き渡され，その内容が顧客によって確認できていること。

> ここ注意！
>
> 　形式的に顧客から検収書を入手しただけでは，引渡しの要件を満たしたとは必ずしもいえない場合があります。そのため，顧客との間で契約書どおりの成果物が提供されたという合意が実質的になされ，対価の請求が可能となっていることを確認することが重要です。
> 　詳細は，「Q5-8　アフターコストが発生する際の収益認識」にて解説します。

！　「収益認識に関する会計基準」適用に伴う影響

　令和3年4月1日以後開始する連結会計年度および事業年度の期首から新収益認識会計基準の適用により，工事契約会計基準および工事契約適用指針が廃止されます。
　新収益認識会計基準では，履行義務を充足した時，または充足するにつれて，取引価格のうち当該履行義務に配分した額について収益を認識します。識別した

それぞれの履行義務について，契約開始時点において履行義務が一定の期間にわたって充足されるものであるか否かを検討します。

　詳細は「第6章　新収益認識会計基準導入の影響」をご参照ください。

Q5-8 アフターコストが発生する際の収益認識

Q	ソフトウェア制作には，引渡し後も，バグ取り等の不具合解消のためのアフターコストが発生することが多いですが，その場合，どのような会計処理が考えられるでしょうか。
A	「大きな補修」が生じないことが明らかであれば，引渡しの完了のタイミングで収益認識は認められることとなります。 ただし，瑕疵補修等の発生の可能性が高く，その金額を過去の実績等によって合理的に見積ることができる場合には，引当計上を行う等，適切に費用計上する必要があります。

解 説

1．収益認識のタイミング

　ソフトウェア制作においては相当の期間が経過しなければ不具合（バグ）が完全にはなくならないという特徴があります。Q5-7にて紹介した3つの引渡しのプロセスの完了を把握するにあたってはソフトウェア収益実務対応報告上，以下のように記載されています。

> 【ソフトウェア収益実務対応報告2(1)②】
> 　買戻し条件が付いている場合や，事後に大きな補修が生じることが明らかであることにより成果物の提供の完了について問題が生じている場合には，収益認識は認められない。

　この記載より，「大きな補修」が生じないことが明らかであれば収益認識は認められることとなります。大きな補修についての具体的な定めはなされていませんが，基本的な観点は以下のようになると考えられます。

> - ソフトウェアの受注制作を行う一般的な企業において要求されるような，品質管理上問題とされない程度の完成水準となっているか
> - 顧客と合意している品質に達しているか

　よって，Ｑ5-7にて紹介した3つの引渡しのプロセスを経た上で，顧客の発行する検収書等に記載の検収日などにより，顧客の検収を受けたことが明らかになった時点において収益を認識することとなります。このため，いわゆる検収書は，引渡し時点を明確にする根拠として重要な役割があるといえます。したがって，検収書等には少なくとも，契約されたソフトウェアの内容が明確にわかるような成果物の記載，顧客が検収を行った事実および検収日が記載されている必要があるといえます。なお，契約によっては「納品後一定期間が経過した場合に，顧客の検収の意思表示がなくとも検収したものとみなす」という自動検収条項の定めを設ける場合がありますが，引渡し時点を明確にするためには，このような条項を設けることは避け，検収書等を受領することが望ましいと考えられます。

　なお，ソフトウェア取引においては何らかの事情により以下のようなケースが発生することも想定されます。

> - 未完成であるが検収書が発行されるケース……重要な不具合が発生するも顧客の予算都合などにより，顧客が利用を開始するケースなど
> - 完成しているが検収書が発行されないケース……顧客側の社内ルール・慣行として検収書を発行しないケースなど

　このような場合であっても，Ｑ5-7にて紹介した3つの引渡しのプロセスを満たしたか否かが引渡しを終了した時点を判断するポイントとなります。

ここ注意！

　以下のようなケースについては，収益の認識について慎重に検討する必要があると考えられます（ソフトウェア収益実務対応報告2(2)②）。

> - 通常は検収により成果物提供の完了を確認するような場合において，検収書またはこれに類似するものが入手されていない。
> - 検収書またはこれに類似するものを入手しているにもかかわらず，入金予定

> 日を経過しても未だに入金がない，もしくはソフトウェアの主要な機能に関
> するバグの発生等により作業を継続している。

2．アフターコストにおける引当金計上

　アフターコストの取扱いに関しては，ソフトウェア収益実務対応報告上，以下のように記載されています。

【ソフトウェア収益実務対応報告】
　瑕疵補修等，費用の発生の可能性が高く，かつ，その金額を過去の実績等によって合理的に見積もることができる場合には，引当計上を行う等，適切に費用計上する必要がある。

　したがって，すでに瑕疵補修等のアフターコストが発生することが明らかである場合には，個別に金額を見積り，引当金を計上する必要があります（個別引当）。

　アフターコストが発生するか否か不明な案件に関しても，過去の実績等に基づいて実績率を算定し，一括して引当金を計上する必要があります（一般引当）。

　詳細は，「Q 5-23　制作原価に集計すべき費用の内容」にて解説します。

！　「収益認識に関する会計基準」適用に伴う影響

　令和3年4月1日以後開始する連結会計年度および事業年度の期首から新収益認識会計基準の適用により，ソフトウェア取引実務対応報告が廃止されます。

　ソフトウェア取引実務対応報告の廃止により，アフターコストの取扱いに関しては，新収益認識適用指針第34項から第38項に記載されている「財又はサービスに対する保証」に従って処理します。当該適用指針に従い引当金として計上するか，取引価格を財またはサービスおよび当該保証サービスに配分します。

　詳細は「第6章　新収益認識会計基準導入の影響」をご参照ください。

Q5-9 工事契約に係る「認識の単位」

Q	工事契約に係る「認識の単位」は，どのように設定すればよいでしょうか。
A	受注制作のソフトウェアの取引については，当事者間において合意された実質的な取引の単位に基づき，工事収益および工事原価を計上することとなります。

解 説

1．工事契約会計基準における「認識の単位」の定義

　工事契約に係る「認識の単位」とは，工事収益および工事原価の認識に係る判断を行う単位をいいます（工事契約会計基準6(1)）。工事契約会計基準においては，この認識の単位について以下のように定められています。

【工事契約会計基準第7項】
　工事契約に係る認識の単位は，工事契約において当事者間で合意された実質的な取引の単位に基づく。
　工事契約に関する契約書は，当事者間で合意された実質的な取引の単位で作成されることが一般的である。ただし，契約書が当事者間で合意された実質的な取引の単位を適切に反映していない場合には，これを反映するように複数の契約書上の取引を結合し，又は契約書上の取引の一部をもって工事契約に係る認識の単位とする必要がある。

　よって，受注制作のソフトウェアの取引については，当事者間において合意された実質的な取引の単位に基づき，工事収益および工事原価を計上することとなります。

2．当事者間で合意された取引の単位について

　工事契約会計基準上は，一般的に契約書が当事者間で合意された実質的な取引の単位で作成されるという前提がなされており，契約書による取引の単位が基本的に会計処理の単位となるものと考えられます。

　ここで，契約書が当事者間で合意された実質的な取引の単位を適切に反映し

ていない場合に，実質的な取引の単位をどのように捉えるかが問題となります。

　実質的な取引の単位とは，施工者が受託した工事義務を履行することによって顧客から対価に対する確定的な請求権を獲得する単位，またはすでに対価の一部または全部を受け取っている場合には，その受け取った額について確定的に保有する権限を獲得する単位であるとされています（工事契約会計基準42）。すなわち，何をもって対価を得る権利が確定するかという点が判断の目安になるものと考えられます。

【実質的な取引の単位】
- 基本的には契約書単位
- 契約書が当事者間で合意された実質的な取引の単位を適切に反映したものでない……対価を得る権利の確定により判定する。

　なお，1つの契約書の中に複数の取引が含まれているようなケースについては，「Q5-20　複合取引」にて後述します。

！　「収益認識に関する会計基準」適用に伴う影響

　令和3年4月1日以後開始する連結会計年度および事業年度の期首から新収益認識会計基準の適用により，工事契約会計基準および工事契約適用指針が廃止されます。

　新収益認識会計基準では，契約における履行義務を識別します。履行義務の識別は，識別された契約に含まれる財またはサービスにおいて行われるため，工程別に契約の締結が行われた場合には，通常は，それぞれの契約書単位で履行義務の識別が行われると考えられます。

　複数の工程が1つの契約書により締結されているような場合には，各工程ごとの財やサービスの提供が単一の履行義務となるか，別個の履行義務となるかについて，判定が必要です。

　詳細は「第6章　新収益認識会計基準導入の影響」をご参照ください。

Q5-10 契約における留意事項

Q	正式な契約書を作成できずに開発が始まった場合，どのような対応を行えばよいでしょうか。
A	正式な契約書を整備することが困難であれば，契約書に代わり何らかの証憑を整備することで，顧客との合意について把握できる体制にしておくことが必要です。

解説

　工事契約会計基準では，契約書が当事者間で合意された実質的な取引の単位を反映していない場合には，契約書について以下のような対応をとることが挙げられています（工事契約会計基準 7, 42）。

- 当事者間の合意を反映するよう，複数の契約書上の取引を括る
- 当事者間の同意を反映するよう，契約書上の取引を分割する

　すなわち，契約書自体を取引の単位とするのではなく，当事者間で合意された実質的な取引の単位となるよう，契約書の側を合わせるよう対応をとることが前提とされているといえます。

　また，受注制作のソフトウェア取引においては，開発開始前に契約書が取り交わされるとは限りません。これは，顧客側が発注時点ではソフトウェアに関する知識や理解が不十分であることなどにより，どのような仕様（スペック）を必要としているのかが定まらず，ソフトウェアの制作者側の提案を受け入れながら要求する仕様が決まっていく面があることなどにより，発注時点においてソフトウェアの成果物やこれに応じた契約金額等を確定することができないこともあるためです。

　ただし，当事者間の合意により，すでに開発が開始されたのであれば，遅延することなく契約書を整備する必要があるといえます。また，正式な契約書を整備することが困難であれば，契約書に代わり何らかの証憑を整備することで，顧客との合意について把握できる体制にしておくことが必要であると考えられ

ます。この証憑については，具体的には開発内容や金額について判断する立場にある役職者の同意を得たものを指します。

> **！　「収益認識に関する会計基準」適用に伴う影響**
>
> 　新収益認識会計基準第28項から第31項に「契約変更」について記載があります。
> 　仕様変更については「契約変更」に従い，独立した契約として処理するかの判断を行います。
> 　詳細は「第6章　新収益認識会計基準導入の影響」をご参照ください。

Q5-11　**工事進行基準の適用要件**

Q	工事進行基準の適用要件を教えてください。
A	進捗部分について「成果の確実性」が認められる場合には，収益認識に関して工事進行基準が適用されることとなります。

解　説

　進捗部分について「成果の確実性」が認められる場合には，収益認識に関して工事進行基準が適用されることとなります。成果の確実性が認められるためには，以下の各要素について信頼性をもって見積ることができなければならないとされています（工事契約会計基準9）。

---
(1)　工事収益総額
(2)　工事原価総額
(3)　決算日における工事進捗度

　なお，これらの要件を満たす前提条件として，対象となる工事契約には実体がなければならないことに留意する必要があります。形式的に工事契約書が存在していても，容易に解約されてしまうような場合には，工事契約の実体があるとはいえません。

　各要素についての要件の詳細は次のようになります。

(1)　工事収益総額

　信頼性をもって工事収益総額を見積るためには，進捗部分について最終的に対価に結びつき回収されることが必要です。そのためには，まず前提条件として「完成見込みが確実であること」，すなわち「完成させるに足りる十分な能力があり，かつ，完成を妨げる環境要因が存在しないこと」が必要です（工事契約会計基準10，48）。

　さらに，「対価の定めがあること」が必要です。そのためには，「当事者間で実質的に合意された対価の額に関する定め，対価の決済条件及び決済方法に関する定め」が必要とされています（工事契約会計基準11）。

(2)　工事原価総額

　工事原価は，原価計算基準に従って適正に算定した上で，工事原価の見積りと実績を対比することにより，適時・適切に工事原価総額の見積りの見直しを行うことが必要とされています（工事契約会計基準 6 (6)，12）。

　この要件を満たすためには，当該工事契約に関する実行予算や工事原価等に関する管理体制の整備が不可欠であると考えられます。そのため，工事契約に金額的な重要性がないなどの理由により，このような管理が個別に行われていない工事契約については，当該要件を満たさないことになる点に留意する必要があります。

　特に，受注制作のソフトウェアについては，以下のような理由から，適切な原価総額の見積りが困難な場合も少なくないといえます。

- 受注当初に仕様の詳細まで詰められない
- 想定外の事象の発生などによって，追加的な工数が生じやすい

　ゆえに，ソフトウェアの開発途上において信頼性をもって工事原価総額を見積るためには，原価の発生やその見積りに対して，より高度な管理が必要と考えられます（工事契約会計基準51，52）。

(3)　**決算日における工事進捗度**

　工事収益総額および工事原価総額のうち，決算日までに成果として確実になった部分の割合，すなわち決算日における工事進捗度について信頼性をもって見積ることができなければ，工事進行基準による売上および原価を算定することができません。

　ゆえに，この進捗度は信頼性をもって見積ることが必要とされており（工事契約会計基準46），工事原価総額と同様に合理的な計算と見直しを行うことが必要です。

　以上，(1)～(3)の三要件を満たす場合には，成果の確実性が認められることとなります。

ここ注意！

　「高度な管理」を行うために，プロジェクトマネージャーの育成や社内モニタリング体制を強化し，適切な予算と実績比較，作業進捗状況のモニタリング等を行うことが重要です。

Q5-12　少額案件および短期案件

Q	受注額が少額である案件や，期間が短期である案件についても，適用要件に照らし合わせて工事進行基準を適用すべきなのでしょうか。
A	【少額案件】 「成果の確実性」が認められるか否かにより，適用する基準を決定します。 【短期案件】 通常，金額的な重要性が乏しいばかりでなく，工事契約としての性格にも乏しい場合が多いと想定されるため，工事完成基準を適用することが考えられます。

解 説

１．少額案件について

　工事契約会計基準上，金額基準についての言及はなく，Ｑ５-11にて解説したように，あくまで「成果の確実性」が認められる場合には工事進行基準を適用し，認められない場合は工事完成基準を適用することになります。

　ただし，実務的には，少額案件については，簡便な原価管理を行うケースは多いと想定されるため，その場合，工事原価総額や工事進捗度を正確に把握することが困難であることから，結果として工事進行基準の要件を満たさず，工事完成基準を適用するということも考えられます。

> **ここ注意！**
>
> 　単に金額基準を設けるのではなく，プロジェクトの原価管理の精度を十分に検討した上で，適用する基準を決定する必要があります。

２．短期案件について

　工事契約会計基準においては，短期案件について以下のように定められています。

> **【工事契約会計基準第52項，第53項】**
> ● 企業会計原則においては，長期の請負工事に関する収益認識について，工事進行基準又は工事完成基準のいずれかの選択適用が可能なものとされてきた。しかし，長期の請負工事でなくとも，会計期間をまたぐ工事については工事進行基準を適用すべき場合があると考えられる。このため，本会計基準では，工事契約に係る認識基準を識別する上で，特に工期の長さに言及していない。
> ● しかし，工期がごく短いものは，通常，金額的な重要性が乏しいばかりでなく，工事契約としての性格にも乏しい場合が多いと想定される。このような取引については，工事進行基準を適用して工事収益総額や工事原価総額の按分計算を行う必要はなく，通常，工事完成基準を適用することになると考えられる。

　したがって，期間が短期である案件については工事完成基準を適用することが妥当なケースが多いと考えられます。ただし，具体的な期間については言及されていないため，四半期決算をまたぐ可能性や原価管理の精度を勘案して，

「短期」の定義を社内で検討し，どのような取引が該当するかを整理する必要
があります。

Q 5-13　進捗度の見積り

Q	進捗度の見積方法を教えてください。
A	決算日における当該義務の遂行の割合を合理的に反映する方法を用いて見積ることとされており，その方法として原価比例法が一般的ですが，その他の合理的な方法として，直接作業時間比率法や施行面積比率法が挙げられています。

解 説

工事契約会計基準においては，進捗度は工事契約における施工者の履行義務全体との対比において，決算日における当該義務の遂行の割合を合理的に反映する方法を用いて見積ることとされています（工事契約会計基準15）。

進捗度を見積る方法としては，原価比例法が一般的です（工事契約会計基準13，15）。原価比例法とは以下の方法をいいます。

【原価比例法（工事契約会計基準 6 (7)）】

決算日における工事進捗度を見積る方法のうち，決算日までに実施した工事に関して発生した工事原価が工事原価総額に占める割合をもって決算日における工事進捗度とする方法をいう。

ただし，原価比例法によることが必ずしも強制されているのではなく，決算日における業務遂行の割合を最も合理的に反映するのであれば，その他の合理的な方法を用いることができるとされています（工事契約会計基準15）。その他の合理的な方法としては，工事契約会計基準上，図表 5-8 に掲げたような方法が挙げられています。

図表 5 - 8　その他の合理的な方法	
直接作業時間比率法	決算日までに実施した工事に関して発生した直接作業時間が工事の総直接作業時間に占める割合をもって決算日における工事進捗度とする方法
施工面積比率法	決算日までに施工した面積が工事の総施工面積に占める割合をもって決算日における工事進捗度とする方法

Q 5-14　成果の確実性の事後的な獲得または喪失

Q	成果の確実性が事後的に獲得または喪失した場合はどのように処理すればよいでしょうか。
A	【事後的に獲得】 成果の確実性が認められた時点で，工事進行基準を適用することになります。 【事後的に喪失】 成果の確実性が失われた時点で，工事完成基準を適用することとなります。その場合においても，過年度の損益を修正する必要はありません。

解　説

　工事進行基準を適用する要件である成果の確実性について，１．事後的に獲得するケースもあれば，２．事後的に喪失するケースもあると想定されます。

　各ケースについての考え方は以下のようになります。

1．成果の確実性を事後的に獲得するケース

　工事契約の基本的な内容が定まらないこと等の事象の存在により，工事進行基準の適用要件を満たさないと判断された場合において，その後に当該事象の変化により，工事進行基準の適用要件を満たすこととなったときには，その時点より工事進行基準を適用することになります（工事契約適用指針3）。

　ただし，単に工事の進捗に伴って完成が近づいたために成果の確実性が相対的に増すことがあります。この場合，当該事実のみをもって途中で工事契約に係る認識基準を変更することは，収益認識の恣意的な操作のおそれがあるため適切ではないと考えられます（工事契約会計基準55）。

2．成果の確実性を事後的に喪失するケース

　工事進行基準の適用要件を満たすと判断された工事契約について事後的な事情の変化により成果の確実性が失われた場合，その後については，工事完成基準を適用し会計処理を行うことになります。この場合，原則として過去の会計処理には影響を及ぼさないこととされているため（工事契約適用指針4），過年度の損益を修正する必要はありません。

Q5-15　見積りの変更

Q	見積りの変更が行われた場合の会計処理はどのようにすればよいでしょうか。
A	見積りの変更が行われた期に影響額を損益として処理することとなります。

解　説

　工事進行基準が適用される場合において，工事収益総額，工事原価総額または決算日における工事進捗度の見積りが変更されたときには，その見積りの変更が行われた期に影響額を損益として処理することとなります（工事契約会計基準16）。

　また，当事者間の実質的な合意により，以下のように工事契約を変更する場合も，上記同様に見積りの変更として処理することとなります（工事契約適用指針5）。

・仕様等の追加や削減

- 工事内容の変更
- 対価の定めの変更
* これらの変更は取引単位の変更でないことを前提とする。

ここ注意！

　工事契約の変更により対価の定めが変更される場合には，当事者間で実質的に合意があり，かつ，合意の内容に基づいて，対価の額につき信頼性をもって見積ることができることとなった時点で工事収益総額の見積りを変更するものとされています（工事契約適用指針5，21）。

Q5-16　工事進行基準において計上された債権

Q	工事進行基準によって計上された未収入金は，通常の債権と同様に取り扱うのでしょうか。
A	工事進行基準によって計上された未収入金も，通常の債権と同様に金銭債権として取り扱い，貸倒引当金の設定や外貨換算を行う必要があります。

解 説

1．工事契約会計基準上の取扱い

　工事進行基準によって計上された未収入金については，工事契約会計基準上，以下のように記載されています。

【工事契約会計基準第17項】
　工事進行基準を適用した結果，工事の進行途上において計上される未収入額については，金銭債権として取り扱う。

　工事の進捗に応じて計上される未収入額は，法的には未だ債権とはいえません。しかし，工事進行基準は，法的には対価に対する請求権を未だ獲得していない状態であっても，会計上はこれと同視し得る程度に成果の確実性が高まっ

た場合にこれを収益として認識するものであり，この場合の未収入額は，会計
上は法的債権に準ずるものと考えることができます。このため，工事進行基準
の適用により計上される未収入額は，金銭債権として取り扱うこととされてい
ます（工事契約会計基準59）。

　そのため，金銭債権である工事進行基準から発生した未収入金についても，
回収可能性に疑義がある場合には，他の債権と同様に，金融商品会計基準に基
づき貸倒引当金の設定が必要となります。

　さらには，当該未収入額が外貨建てである場合には，原則として決算時の為
替相場による円換算額を付すことになります（外貨建取引等会計処理基準（最
終改正平成11年10月，企業会計審議会）－2(1)②）。

2．内部管理上の留意事項

　上述のとおり，工事進行基準債権も，他の通常の取引から発生した金銭債権
と同様に取り扱うため，会計処理という観点からは，通常の金銭債権と区分し
て管理する必要は必ずしもありません。

　ただし，すでに検収行為が行われ請求権が発生している通常の金銭債権と，
開発途中で検収行為がなされていない工事進行基準債権は，債権管理という観
点からは，両者を区分して管理すべきと考えられます。

　検収完了の有無や，請求済みか否かという視点で，各債権の管理を行うこと
が有用です。

Q5-17　工事完成基準による仕訳例

Q	工事完成基準を適用した場合の仕訳例を教えてください。
A	工事完成基準を適用した場合の具体的な仕訳は以下の設例のとおりであり，ソフトウェア制作が完了し，制作物の引渡しを行った時点で工事収益および工事原価を認識します。

解 説

　受注制作のソフトウェアについて，工事完成基準を適用した場合の収益および原価の計上方法について，具体的な設例に基づき解説を行います。

設例 5 - 1　工事完成基準

（前提条件）

① ソフトウェア契約販売金額100,000千円，ソフトウェア制作原価総額の当初見積りは90,000千円。

② 受注ソフトウェアの制作には 3 年を要する予定である。

	X1年度	X2年度	X3年度
当期に発生した制作原価	27,000千円	54,000千円	9,000千円

③ X3年度末にソフトウェア制作を完了，顧客へ引渡しを行った。ソフトウェア制作費総額については，当初の見積りに変更はなかった。

（仕訳例）（単位：千円）

＜X1年度＞

（借）仕 掛 品	27,000	（貸）諸 勘 定	27,000

＜X2年度＞

（借）仕 掛 品	54,000	（貸）諸 勘 定	54,000

＜X3年度＞

（借）売 掛 金	100,000	（貸）売 上 高	100,000
（借）仕 掛 品	9,000	（貸）諸 勘 定	9,000
（借）売 上 原 価	90,000	（貸）仕 掛 品	90,000

$\boxed{\textbf{Q}_{5\text{-}18}}$　工事進行基準による仕訳例①

Q	工事進行基準を適用した場合の仕訳例を教えてください。
A	工事進行基準を適用した場合の具体的な仕訳は以下の設例のとおりであり，工事進捗度に応じて工事収益および工事原価を認識します。

解 説

　工事進行基準による収益計上は，以下の算式で計算されることとなります。

> 当期に計上すべき収益の額
> 　＝受注金額×工事進捗割合－前期までに計上した収益の額

　受注制作のソフトウェアについて，工事進行基準を適用した場合の収益および原価の計上方法について，具体的な設例に基づき解説を行います。

設例5-2　工事進行基準

(前提条件)

① 　ソフトウェア契約販売金額100,000千円，ソフトウェア制作原価総額の当初見積りは90,000千円。

② 　受注ソフトウェアの制作には３年を要する予定である。

	X1年度	X2年度	X3年度
当期に発生した制作原価	27,000千円	54,000千円	9,000千円
工事原価総額	27,000千円	81,000千円	90,000千円
進捗度	30%$^{(*1)}$	90%$^{(*2)}$	－
工事収益の額	30,000千円	60,000千円	10,000千円

③ 　決算日における工事進捗度の算定には，原価比例法を採用する。

（＊１）　X1年度末の工事進捗度30%（＝27,000/90,000千円×100%）

（＊２）　X2年度末の工事進捗度90%（＝81,000/90,000千円×100%）

④ 　X3年度末にソフトウェア制作を完了，顧客へ引渡しを行った。ソフトウェア制作費総額については，当初の見積りに変更はなかった。

仕訳例 （単位：千円）

＜X1年度＞

（借）売上原価	27,000	（貸）諸勘定	27,000
（工事原価）			

（借）売掛金	30,000	（貸）売上高	30,000
（工事未収入金）		（工事収益）	

＊100,000×進捗度30％＝30,000

＜X2年度＞

（借）売上原価	54,000	（貸）諸勘定	54,000
（工事原価）			

（借）売掛金	60,000	（貸）売上高	60,000
（工事未収入金）		（工事収益）	

＊100,000×進捗度90％－30,000＝60,000

＜X3年度＞

（借）売上原価	9,000	（貸）諸勘定	9,000
（工事原価）			

（借）売掛金	10,000	（貸）売上高	10,000
（工事未収入金）		（工事収益）	

＊100,000－30,000－60,000＝10,000

Q 5-19　工事進行基準による仕訳例②　見積りの変更をした場合

Q	工事進行基準の適用時に，見積りの変更が行われた場合の仕訳例を教えてください。
A	工事進行基準を適用する場合において，工事収益総額，工事原価総額または決算日における工事進捗度の見積りが変更されたときには，その見積りの変更が行われた期に影響額を損益として処理し，その工事進捗度に応じて工事収益および工事原価を認識します。

解説

　受注制作のソフトウェアについて，工事進行基準を適用し，当初の見積りの変更があった場合の収益および原価の計上方法について，具体的な設例に基づき解説を行います。

設例 5-3　工事進行基準（見積りの変更があったケース）

（前提条件）

① ソフトウェア契約販売金額100,000千円，ソフトウェア制作原価総額の当初見積りは90,000千円。

② 受注ソフトウェアの制作には3年を要する予定である。

③ X1年度末において制作原価総額の見積額は91,000千円に増加した。

④ X2年において顧客は契約内容を変更することとし，当該変更により制作原価は3,000千円増加すると見積った。また，販売金額総額を105,000千円とする契約条件の変更が取り決められた。

	X1年度	X2年度	X3年度
契約時点での販売金額総額	100,000千円	100,000千円	100,000千円
変更額	－	5,000千円	－
販売金額総額	100,000千円	105,000千円	105,000千円
過年度に発生した制作原価の総額	－	30,030千円	86,480千円
当期に発生した制作原価	30,030千円	56,450千円	7,520千円
完成までに要する制作原価	60,970千円	7,520千円	－
工事原価総額	91,000千円	94,000千円	94,000千円
進捗度	33%$^{(*1)}$	92%$^{(*2)}$	－
工事収益の額	33,000千円	63,600千円	8,400千円

⑤　決算日における工事進捗度の算定には，原価比例法を採用する。また，各年度で見積られた工事収益総額，制作原価総額は上記のとおりである。

（＊1）　X1年度末の工事進捗度33%（＝30,030/91,000千円×100%）

（＊2）　X2年度末の工事進捗度92%（＝86,480/94,000千円×100%）

⑥　X3年度末にソフトウェア制作を完了，顧客へ引渡しを行った。

（仕訳例）（単位：千円）

＜X1年度＞

（借）売　上　原　価	30,030	（貸）諸　　勘　　定	30,030
（工事原価）			

（借）売　　掛　　金	33,000	（貸）売　　上　　高	33,000
（工事未収入金）		（工事収益）	

＊100,000×進捗度33%＝33,000

＜X2年度＞

（借）売　上　原　価	56,450	（貸）諸　　勘　　定	56,450
（工事原価）			

（借）売　掛　金 　　　（工事未収入金）	63,600	（貸）売　上　高 　　　（工　事　収　益）	63,600

＊105,000×進捗度92％－33,000＝63,600

＜X3年度＞

（借）売　上　原　価 　　　（工　事　原　価）	7,520	（貸）諸　勘　定	7,520

（借）売　掛　金 　　　（工事未収入金）	8,400	（貸）売　上　高 　　　（工　事　収　益）	8,400

＊105,000－33,000－63,600＝8,400

Q5-20　複合取引

Q	受注制作のソフトウェアの販売と，ハードウェア販売やシステム運用を一体として行う契約を締結する場合はどうすればよいでしょうか。
A	各業務の性質や対価の額などから，それぞれが主たる業務であり当事者の合意としての取引の単位が別々であると考えられる場合には，別々に会計処理を行い，一方で，いずれかの業務が他の主たる業務に付随して提供される場合には，主たる業務と一体として会計処理を行うことになると考えられます。

解　説

1．基本的な考え方

　受注制作のソフトウェアの取引においても，ソフトウェアの販売取引に付随して以下のような異なる複数の取引が同一の契約書等によって締結されることがあり，これを複合取引といいます。

> - システム運用を行うためのサーバーや端末コンピュータなどのハードウェアと一体として契約が締結される
> - 期間的なシステム利用サービスや保守サービスが付随して提供される

　このような複合取引については，「Q4-7　さまざまな販売形態④　複合的な取引の収益認識」においても触れたとおり，複合取引に含まれる複数の取引要素を管理上の適切な区分に基づき識別し，各々の取引要素ごとに実現した時点で収益認識を行う必要があると考えられます（ソフトウェア収益実務対応報告3）。

　この点，工事契約会計基準においても，当事者間の実質的な合意に従い，会計処理を行うこととされています（工事契約会計基準42）。

　ゆえに，各業務の性質や対価の額などから，それぞれが主たる業務であり当事者の合意としての取引の単位が別々であると考えられる場合には，別々に会計処理を行い，一方で，いずれかの業務が他の主たる業務に付随して提供される場合には，主たる業務と一体として会計処理を行うことになると考えられます。

2．ソフトウェアとハードウェアの複合取引

　受注制作のソフトウェアの販売取引とハードウェアの販売取引が1つの契約書等により締結されている場合において，当事者間の実質的な合意としての取引の単位がどのようなものであるかにより，会計処理は異なることとなります。すなわち，以下のケースが考えられます。

> (1)　受注制作のソフトウェアを主たる取引として一体処理するケース
> (2)　ハードウェアを主たる取引として処理するケース
> (3)　各取引が主たる取引であるケース

　それぞれのケースについて解説をします。

(1)　受注制作のソフトウェアを主たる取引として一体処理するケース

　受注制作のソフトウェア契約において，当事者間の合意により，ハードウェ

アの引渡しが受注制作のソフトウェア契約の内容の一部として付随的に含まれている場合においては，通常は受注制作のソフトウェアと一体の取引として会計処理を行うことになると考えられます。

　すなわち，受注制作のソフトウェアは工事契約会計基準の適用対象であることから，ハードウェアについても同様に受注制作のソフトウェアとして処理することになると考えられます。

⑵　ハードウェアを主たる取引として処理するケース

　物品としてのハードウェアの引渡しを目的とする契約に付随してソフトウェアを制作するにすぎない場合，ハードウェアの販売取引を主たる取引として捉えることとなります。

　ハードウェアを納品する取引は，物品を引き渡す取引であり請負業務ではないため，工事契約会計基準の適用対象とはなりません（工事契約会計基準44）。

　この際，付随してソフトウェアを制作する場合であっても，実態は納品作業の一部にすぎないため受注制作のソフトウェアには該当しないことになると考えられます。

　よって，ハードウェアの販売取引として，納品基準または検収基準により収益を認識することになると考えられます。

⑶　各取引が主たる取引であるケース

　受注制作のソフトウェアの販売取引とハードウェアの販売取引とが，各業務の性質や受注金額の比率などから，それぞれが主たる取引であると判断される場合においては，別々に会計処理を行うこととなります。

　すなわち，受注制作のソフトウェアの販売取引については工事契約会計基準の対象であるため工事進行基準または工事完成基準を適用して収益認識を行い，ハードウェアの販売取引については物品の販売取引として納品基準または検収基準により収益認識を行うこととなります。

３．サービス提供との複合取引

　受注制作のソフトウェアの販売取引とシステム利用サービスや保守サービス，

トレーニング・サービスなどの取引が１つの契約書等により締結されている場合においても，当事者間の実質的な合意としての取引の単位がどのようなものであるかにより，会計処理は異なることとなります。すなわち，ハードウェアについての複合取引の場合と同様に，(a)受注制作のソフトウェアを主たる取引として一体として処理するケース，(b)サービス取引を主たる取引として処理するケース，(c)各取引が主たる取引であるケース，が考えられます。

　各ケースにおいては，基本的に「2. ソフトウェアとハードウェアの複合取引」と同様に捉えますが，サービス取引は役務提供であることから，その役務提供に応じて収益認識を行うものと考えられます。

　よって，例えばサービス提供が主たる取引であり，これに付随してソフトウェアを制作するにすぎない場合には，両者をサービス提供と一体のものとみなして役務提供に応じて収益を認識することとなると考えられます。

４．まとめ

　受注制作のソフトウェアにおいて，複合取引の取扱いの概要をまとめると，図表5-9のようになります。

図表5-9　複合取引の取扱い

取引内容	種　類	収益認識基準	備　考
受注制作のソフトウェアの販売	請負業務	工事進行基準または工事完成基準	取引の性質や受注金額の比率などから主たる取引を判断し，主たる取引の会計処理に従う。
ハードウェアの販売	物品販売	納品基準または検収基準	
サービスの提供	役務提供	役務提供基準	

　なお，収益に関連する費用については，当該収益と対応させて費用計上することが必要です。この際，収益と対応させるべき費用の金額が確定していない場合には，これを見積計上することとなります。

Q 5-21 　分割検収

Q	分割検収が行われる場合，当該検収ごとに収益を認識することは可能でしょうか。
A	収益を認識するためには，分割検収ごとに「一定の機能を有する成果物の提供が完了する」，「対価が成立する」という2要件を満たす必要があります。

解 説

　受注制作のソフトウェアにおいては，1つのソフトウェア開発プロジェクトを請け負う場合に，これをいくつかの作業区分であるフェーズに分割して契約の締結がなされ，フェーズごとに検収が行われる場合があります。このような検収を分割検収といいます（ソフトウェア収益実務対応報告2(3)）。

　分割検収の方法としては，大きく以下の2つが考えられます。

- 機能的な分割が行われる場合……例えば基幹業務システムの構築の際の販売管理システム，購買管理システム，原価管理システム，経理システムなど
- 開発の時系列的なフェーズごとに分割が行われる場合……例えば各種設計，プログラム制作，機能評価など

　そして，分割検収の場合であっても，その会計処理の完了時点を認識するにあたっては受注制作のソフトウェアの基本的な収益認識における考え方と同様であるといえます。ソフトウェア収益実務対応報告においては，受注制作のソフトウェアについて会計処理が完結する時点について，一定の機能を有する成果物の提供が完了し，その見返りとしての対価が成立する段階であるとされています（ソフトウェア収益実務対応報告2(3)）。

　さらに，ソフトウェア収益実務対応報告においては，分割検収により会計処理が完了する時点について，詳細に以下のような要件を挙げています。

【一定の機能を有する成果物の提供が完了する】
- 分割されたフェーズの内容が一定の機能を有する成果物の提供であること

- 顧客との間で，納品日，入金条件等について事前の取決めがあること
- 分割されたフェーズごとに設定された成果物の提供の完了が確認されること

【対価が成立する】

- 分割されたフェーズごとに設定された成果物の見返りとしての対価が成立していること

　なお，成果物の提供の完了についてはＱ５-７にて述べたように，当然にソフトウェアの完成，納品・検査，検収という３つのプロセスを経る必要があると考えられます。

ここ注意！

　分割検収において，成果物の提供の完了の確認がなく，単に作業の実施のみに基づく場合や入金条件のみに関連しているだけでは，収益認識は認められません。

　また，特に分割検収は，最終的なプログラムの完成前であることから，各フェーズ完了後において，売上金額の事後的な修正が行われることがあるため，収益認識にあたっては，各フェーズ完了時の対価の成立，販売代金の回収可能性，返金の可能性等，資金回収のリスクを考慮する必要があります（ソフトウェア収益実務対応報告２(3)）。

ここ注意！

　前半フェーズの検収が完了しても，後半フェーズで重大な機能の欠陥が発覚したことにより，プロジェクト全体が中止となり，前半フェーズ分の代金も回収できなくなるケースも考えられます。

　そのため，分割検収を行う場合は，各フェーズごとに収益を認識できるか慎重に検討することが求められます。

Q5-22 ┃ 制作原価

Q	受注制作のソフトウェアの制作原価の算定の基本的な考え方を教えてください。
A	制作原価については，収益の認識と同様のプロジェクト単位，すなわち実質的な取引の単位ごとに集計し，個別原価計算を適用することとなります。

解 説

1．基本的な考え方

　受注制作のソフトウェアは請負工事の会計処理に準じた処理を行うこととされており（研究開発費等会計基準四1），これは工事契約に含まれるものといえるため，受注制作のソフトウェアに係る施工者における収益およびその原価に関しては工事契約会計基準および工事契約適用指針に従って会計処理を行うこととなります。

　そして，工事原価は原価計算基準に従って適正に算定することとされています（工事契約会計基準6(6)）。受注制作のソフトウェアにおいては，収益と費用を対応させる必要があることから，制作原価も収益の認識と同様のプロジェクト単位，すなわち実質的な取引の単位ごとに集計し，個別原価計算を適用することとなります。原価計算基準上，個別原価計算とは以下のように規定されています。

> 【原価計算基準31】
> 　個別原価計算は，種類を異にする製品を個別的に生産する生産形態に適用する。
> 　個別原価計算にあっては，特定製造指図書について個別的に直接費および間接費を集計し，製品原価は，これを当該指図書に含まれる製品の生産完了時に算定する。…

　よって，個別原価計算においては，ソフトウェアの開発開始から引渡しまでに発生するすべての直接費と間接費を実質的な取引単位ごとに製造指図書などに集計することとなります。

　なお，原価計算基準に従った一般的な個別原価計算の流れについては，図表

5-10のようになります。

図表 5-10　　個別原価計算の流れ

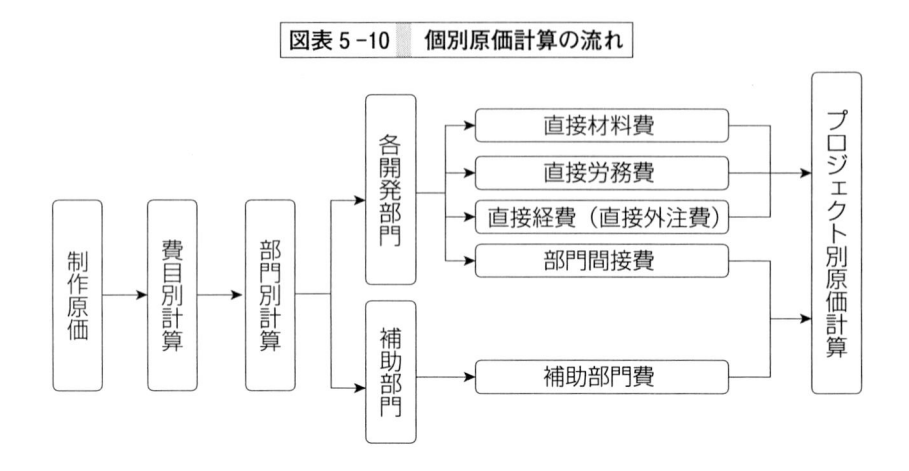

2. 採番管理について

　受注制作のソフトウェアにおいては実質的な取引単位ごとの個別原価計算によって集計し，損益計算を行うこととなりますが，実務的には認識した取引単位ごとにプロジェクト・コードまたはジョブ・コードといったプロジェクト番号を採番し，プロジェクト番号ごとに制作原価を集計することとなります。

　これには，費用収益対応の関係から，少なくとも収益認識単位でもある実質的な取引単位により採番することが管理上望ましいものと考えられます。さらに，制作開始後には仕様変更や補修対応なども想定されることから，ソフトウェアの機能別，フェーズ別にプロジェクト番号の子コードを用意しておくことも有用です。このような子コードを利用した個別原価計算は，将来の契約変更に対処するためだけでなく，制作の進捗管理や原価管理にも役立ちます。

Q5-23 制作原価に集計すべき費用の内容

Q	受注制作のソフトウェアに関して，どのような費用を制作原価に集計すればよいでしょうか。
A	受注後の開発に要した費用を制作原価とし，それには瑕疵担保費用（アフターコスト）も含まれます。

解　説

1．基本的な考え方

　受注制作のソフトウェアの制作原価の会計処理は個別原価計算が基本となりますが，ソフトウェア制作においては受注時点が不明確になりやすく，また，制作途中において仕様が変更することや，意図しない不具合（バグ）の発生により追加費用が生じることなどもあります。ここでは，このようなソフトウェア取引固有の事象に関連した費用の取扱いについて解説を行います。

　受注制作のソフトウェアの制作原価に関する会計処理の基本的な考え方は以下のようになります。

- 受注制作のソフトウェアを開発するための費用……制作原価（売上原価）
- それ以外の費用……販売費及び一般管理費

2．受注活動における費用

　受注制作のソフトウェアにおいては，受注活動を行う際にも以下のような費用が発生することが考えられ，一般的な企業よりも受注活動費用が多額になることもあります。

- 提案書や見積書を提出するための分析，調査，およびこれを作成するための費用
- 営業用デモソフトの作成，納品のための費用
- 営業担当者のみでなく開発担当者の人件費

　ここで，受注活動における費用を売上原価として会計処理するのか，販売費

及び一般管理費として会計処理するのかが問題となります。一般的に，受注制作のソフトウェアに関連する費用に関しては，ソフトウェアを開発するための費用が売上原価を構成することとなり，受注のために要する費用は販売費及び一般管理費として処理されることとなります。

　開発のために要する費用か否かの判断に関しては，いつの時点から開発が始まったかという視点が重要となります。開発が始まった時点とは，すなわち当事者の合意により受注の意思表示がなされたときであり，通常は契約書や請書などの書面の取り交わしに基づいて判断されることとなります。

　ただし，受注制作のソフトウェアの取引においては，必ずしも受注時点で契約書等の書面による取り交わしができるわけではありません。契約書等の取り交わしが受注時点で行えない場合には，受注時点が不明確となるため注意が必要です。

　また，受注時点が不明確であるからといって，すべての受注費用を制作原価に含めて処理することやすべての費用を受注費用として処理することは適切な会計処理とはいえません。実質的な合意時点を判断するための基準を社内ルール等により設け，受注時点を明らかにするような管理を行うことが望まれます。実質的な受注時点に基づき判断を行い，受注以前の費用は受注費用として処理し，それ以降の費用は制作原価として処理することが妥当であると考えられます。

3．瑕疵担保費用

　受注制作のソフトウェアにおいては，検収後に不具合（バグ）が発生する可能性が高く，そのための補修費用が発生することも多いといえます。

　ここで，受注制作のソフトウェアの開発は，請負契約の形式で行われることが通常であり，ソフトウェアの開発企業には瑕疵担保責任が発生します。瑕疵担保責任とは，売買その他の有償契約において，目的物に隠れた瑕疵があった場合に売主が買主に対して負う担保責任のことであり，売主である開発企業は通常，契約書において瑕疵担保期間を定めることとなります。ソフトウェアに不具合が生じた場合には，開発企業はこの契約上で約束した瑕疵担保期間について，補修費用，すなわち瑕疵担保費用を負担することとなります。

　瑕疵担保費用は，一般的には瑕疵担保費用を含めてプロジェクトの損益管理を行うことから，制作原価として会計処理を行うこととなります。

　ただし，さまざまな事情により瑕疵担保期間を超えて顧客に対して修繕費用を負担することもあります。このような場合，こうして負担した費用はプロジェクトの管理上，当初から予定していたものではなく，いわゆる無償のアフターサービスに該当するため，販売費及び一般管理費として処理することとなります。

　以上より，瑕疵担保費用に係る費用処理は以下のようにまとめられます。

契約書に定められた範囲の瑕疵担保費用（瑕疵担保期間内のもの）	プロジェクト管理原価として制作原価
それ以外の瑕疵担保費用	アフターコストとして販売費及び一般管理費

　また，瑕疵担保費用の発生を事前に予測でき，かつその金額を合理的に見積ることができるような場合については，ソフトウェア収益実務対応報告において以下のように会計処理することとされています。

【ソフトウェア収益実務対応報告2(1)注3】
…企業会計原則注解注18にあるように，瑕疵補修等，費用の発生の可能性が高く，かつ，その金額を過去の実績等によって合理的に見積ることができる場合には，引当計上を行う等，適切に費用計上する必要がある。

　よって，企業会計原則注解18に基づき，①将来の特定の費用または損失であって，②その発生が当期の事象に起因し，③発生の可能性が高く，かつ，④その金額を合理的に見積ることができる場合に該当するのであれば，当期の負担に属する瑕疵担保費用を見積り，当期の費用として瑕疵担保引当金を計上する必要があります。

　瑕疵担保引当金の計算方法には，図表5-11のように，個別引当による方法と総括引当による方法とがあります。

図表 5-11　個別引当による方法と総括引当による方法

算定方法	内　　容
個別引当による方法	特定のプロジェクトについて瑕疵が発生している場合に，当該プロジェクトに必要な瑕疵担保費用を個別に見積って引当金を計上する方法
総括引当による方法	過去の瑕疵担保費用の売上高に対する実績率を計算し当期に負担すべき将来の費用を見積って引当金を計上する方法

　この2つの算定方法は，どちらかの方法を選択するというのではなく，貸倒引当金の考え方と同様に両方の方法を実態に応じて併用する必要があります。

　なお，顧客に引き渡した時点において重要な不具合が生じているような場合には，単純に瑕疵担保引当金を計上することを検討するのではなく，そもそも収益認識の時期が妥当であるか否かを検討しなければならないと考えられます。

Q5-24　流用・転用の会計処理

Q	ソフトウェアを流用・転用した場合は，どのように会計処理をすればよいでしょうか。
A	ソフトウェアを流用・転用した場合の会計処理については，その目的や背景により，考え方が変わります。

解　説

　ソフトウェアは，複写可能なコンピュータ・プログラムであるため，ある特定の顧客から発注を受けて制作したソフトウェアを，他の顧客へ提供するソフトウェアとして流用・転用することが技術的に可能です。しかし，技術的に流用・転用することが特定の顧客に対して提供するソフトウェア制作原価を他の顧客に提供するためのソフトウェアの制作原価として付け替える会計処理を行うこととなるわけではありません。

　このような場合における会計処理について，以下のようにケースを分けて解説を行います。

> - 過去において他の特定の顧客のために制作したソフトウェアを流用・転用する場合
> - 現在制作中のソフトウェアについて複数の顧客に同時提供する場合
> - 現在制作中のソフトウェアについて他の目的のソフトウェアへ流用する場合

1．過去に制作したソフトウェアを流用・転用

　顧客から新たにソフトウェアの制作を受注した場合，過去において他の顧客のために類似した機能・仕様のソフトウェアを制作したことがあれば，その技術，仕様や設計を利用することがあります。

　このような場合においては，企業会計上，過去における特定の収益獲得のために対応するものとしてすでに費用処理されているため，新たに受注されたソフトウェアに対して費用の付替えは行いません。

2．現在制作中のソフトウェアを複数の顧客に同時提供

　過去に制作したソフトウェアの技術，仕様や設計を再利用するのではなく，受注の段階で複数の顧客から類似したソフトウェアの制作の依頼を受けることがあります。

　このような場合には，特定部分については複数の顧客向けへの共通ソフトウェアとして開発し，その他の部分については個々の顧客のニーズに応じてカスタマイズ開発することが有効です。そして，個々の顧客向けに開発した部分については，当然に個別受注のソフトウェアとして会計処理することとなりますが，共有する特定部分についてどのように会計処理するかが問題となります。

　この点，ソフトウェアの共通部分は，複数の顧客に対して同一のソフトウェアとして利用されるため，各プロジェクトへ均等配賦することが適当であると考えられます。なお，制作原価を複数の顧客へ按分する場合には実際に受注できる場合に限定されるべきと考えられます。将来の不確定のものに原価を按分することは妥当ではないものと考えられるためです。

3．現在制作中のソフトウェアを他の目的へ流用する場合

　特定の顧客からの受注により制作したソフトウェアについて，制作中にその主要機能について市場販売目的のソフトウェアなどへ転用することも想定されます。このような場合，例えば仕掛品に計上されていたソフトウェアの制作原価について，一部を市場販売目的のソフトウェアの取得原価に振り替える会計処理を行うか否かが問題となります。

　この点，ソフトウェアにおいては当初の制作目的を重視し，当初の制作目的のために発生させることを決定した制作原価については，他の目的のソフトウェアの原価に振り替える処理をすべきではないものと考えられます。

　一方で，当初から受注制作のソフトウェアの主要機能の一部を他の目的のソフトウェアに転用することを目的として制作を開始する場合においては，社内ルールなどにより一定の基準を設け，それに従って他の目的のソフトウェアの制作原価に配分することも合理的と考えられます。ただし，ソフトウェアの主要の機能を例えば市場販売目的のソフトウェアに転用できたとしても，必ずしも市場販売目的のソフトウェアとして完成させることができるとは限らないため，その配分された制作原価については，市場販売目的のソフトウェア制作のための研究開発費として処理することが適当であると考えられます。

　なお，このような考え方は失注した場合についても該当するものといえます。さまざまな理由により失注したソフトウェアについて，たとえその仕様や設計が他に利用できるとしても，それは当初から意図した目的ではありません。このような場合には適時に失注の会計処理を行うこととなります。具体的には，このようなケースにおいては成果の確実性の観点からあらかじめ工事完成基準を適用しているものと想定されるところ，仕掛品に計上していたソフトウェアの制作原価を販売費及び一般管理費に振り替えることとなると考えられます。

4．まとめ

　以上より，流用・転用に係る費用処理は図表5-12のようにまとめられます。

図表 5 -12　流用・転用に係る費用処理

ケース	制作原価付替え	概　　要
過去に制作したソフトウェアを流用・転用	付替えは妥当でない。	費用収益対応の原則に従い,すでに費用処理済み。
複数顧客の同時利用（共通テンプレート）	付替えは妥当である。	共通部分については同一のソフトウェアとして利用される。
制作途中の目的変更	付替えは妥当でない。	当初の制作目的を重視する。

Q 5-25　工事損失引当金の基本的な考え方

Q　工事損失引当金の基本的な考え方について教えてください。

A　赤字が見込まれる場合においては，その発生可能性が高く損失額を合理的に見積ることができるのであれば，予想される損失に対して工事損失引当金を計上する必要があります。

解 説

1．基本的な考え方

　工事契約から損失が見込まれる場合，すなわち赤字が見込まれる場合においては，その発生可能性が高く損失額を合理的に見積ることができるのであれば，予想される損失に対して工事損失引当金を計上する必要があります。工事契約会計基準においては，工事損失引当金について以下のように定めています。

【工事契約会計基準第19項】
　工事契約について，工事原価総額等（工事原価総額のほか，販売直接経費がある場合にはその見積額を含めた額）が工事収益総額を超過する可能性が高く，かつ，その金額を合理的に見積ることができる場合には，その超過すると見込まれる額（以下「工事損失」という。）のうち，当該工事契約に関して既に計上された損益の額を控除した残額を，工事損失が見込まれた期の損失として処理し，工事損失

> 引当金を計上する。

　これは，工事契約において損失が見込まれる場合に，有価証券や固定資産の減損処理と同様，将来に損失を繰り延べないために行われるものと位置付けられており（工事契約会計基準61），基本的に企業会計原則注解18に従った会計処理であるといえます。

2．計上要件

　工事契約会計基準第19項に従い，以下の２つの要件を満たす場合には，工事完成基準を適用しているか工事進行基準を適用しているかにかかわらず，工事損失引当金を計上することとなります。

> - 原価および販売費総額が収益総額を超過する可能性が高いこと
> - 超過額（工事損失）を合理的に見積ることができること

　工事契約会計基準上は「工事損失引当金」として記載されていますが，ソフトウェア産業においては「受注損失引当金」という表示科目が利用されることが一般的です。

　なお，工事契約会計基準適用の有無にかかわらず，企業会計原則注解18に従い工事損失引当金は信頼性をもった見積りができているとの考え方があるところ，工事契約会計基準適用のもとにおいてはより精度の高い「信頼性をもった見積り」が求められるものと考えられます。ゆえに，工事進行基準の適用要件である成果の確実性のうち，信頼性をもった工事原価総額の見積りの要件を具備していることとは，必ずしも一致しないことに留意が必要です。

> **ここ注意！**
>
> 　工事損失引当金の計上要件である「合理的な見積り」ができる場合であっても，工事進行基準の適用要件である「信頼性をもった見積り」が行えているとは限りません。

3．棚卸資産会計基準との関係

　棚卸資産会計基準においては，通常の販売目的で保有する棚卸資産について，取得原価をもって貸借対照表価額とし，期末における正味売却価額が取得原価よりも下落している場合には，収益性が低下しているとみて当該正味売却価額をもって貸借対照表価額とするとともに取得原価と当該正味売却価額との差額は当期の費用として処理することとされています。

　棚卸資産会計基準に基づき，すでに評価損を計上している場合には，これを除いた残額について工事損失引当金を計上することが求められています（工事契約会計基準67）。

ここ注意！

　工事完成基準，もしくは原価比例法以外の工事進行基準を適用している場合には，棚卸資産と工事損失引当金がともに発生することがあります。このような場合は，貸借対照表上，両建て計上することも相殺表示することも認められています（工事契約会計基準21）。

　なお，両建てか相殺かの計上方法および金額に関しては，適切に注記を行う必要があることにご留意ください（工事契約会計基準22）。

Q 5-26　工事損失引当金計上の仕訳例

Q	工事損失引当金を計上する場合の仕訳例を教えてください。
A	工事進行基準を適用しており，工事損失引当金を計上する場合の具体的な仕訳は以下の設例のとおりであり，計上要件を満たした期に工事損失引当金を計上します。

解説

　受注制作のソフトウェアについて，工事進行基準を適用する場合を例として，工事損失引当金の会計処理について具体的な設例に基づき解説を行います。

設例 5-4　工事損失引当金の計上

（前提条件）

① ソフトウェア契約販売金額100,000千円，ソフトウェア制作原価総額の当初見積りは90,000千円。

② 受注ソフトウェアの制作には3年を要する予定である。

③ X1年度末およびX2年度末において，施工者の工事原価総額の見積額はそれぞれ5,000千円，10,000千円増加したが，工事契約の見直しは行われなかった。

	X1年度	X2年度	X3年度
契約時点での販売金額総額	100,000千円	100,000千円	100,000千円
過年度に発生した制作原価の総額	－	28,500千円	96,600千円
当期に発生した制作原価	28,500千円	68,100千円	8,400千円
完成までに要する制作原価	66,500千円	8,400千円	－
工事原価総額	95,000千円	105,000千円	105,000千円
進捗度	30%[*1]	92%[*2]	100%
工事損益の額	5,000千円	△5,000千円	△5,000千円

④ 決算日における工事進捗度の算定には，原価比例法を採用する。また，各年度で見積られた工事収益総額，制作原価総額は上記のとおりである。

（＊1）　X1年度末の工事進捗度30%（＝28,500/95,000千円×100%）

（＊2）　X2年度末の工事進捗度92%（＝96,600/105,000千円×100%）

⑤ X3年度末にソフトウェア制作を完了，顧客へ引渡しを行った。

（仕訳例）（単位：千円）

工事進行基準を適用する場合においては，工事進捗度に応じて工事収益および工事原価を認識します。

＜X1年度＞

（借）売　上　原　価 　　　（工事原価）	28,500	（貸）諸　　勘　　定	28,500

（借）売　掛　金 　　　（工事未収入金）	30,000	（貸）売　　上　　高 　　　（工事収益）	30,000

＊100,000×進捗度30％＝30,000

＜X2年度＞

（借）	売　上　原　価 （ 工 事 原 価 ）	68,100	（貸）	諸　　勘　　定	68,100

（借）	売　　掛　　金 （工事未収入金）	62,000	（貸）	売　　上　　高 （ 工 事 収 益 ）	62,000

＊100,000×進捗度92％－30,000＝62,000

　X2年度末において工事原価総額が収益総額を超過するものと合理的に見積ることができるため，工事損失引当金を計上します。

（借）	売　上　原　価 （ 工 事 原 価 ）	400	（貸）	工事損失引当金	400

＊　　(a)見積工事損失　　　△5,000　（＝100,000－105,000）
　　－(b)X1年度計上利益　　 1,500　（＝30,000－28,500）
　　－(c)X2年度計上損失　　△6,100　（＝　62,000－68,100）
　　　工事損失引当金繰入額　△400　（＝(a)－(b)－(c)）

＜X3年度＞

（借）	売　上　原　価 （ 工 事 原 価 ）	8,400	（貸）	諸　　勘　　定	8,400

（借）	売　　掛　　金 （工事未収入金）	8,000	（貸）	売　　上　　高 （ 工 事 収 益 ）	8,000

＊100,000－30,000－62,000＝8,000

　X3年度末にソフトウェア制作を完了し，顧客への引渡しを行い，取引を終了したため，工事損失引当金の取崩しを行います。

（借）	工事損失引当金	400	（貸）	売　上　原　価 （ 工 事 原 価 ）	400

Q 5-27 外貨建取引

Q	受注制作のソフトウェア取引が外貨建てで行われる場合の留意点を教えてください。
A	【原価比例法を採用している場合の進捗度の算定】 為替相場の変動により，実際の工事の進捗を合理的に反映しない場合は，原価比例法による進捗度の算定上適切な調整の検討や，原価比例法以外の他の合理的な見積方法の検討が必要になります。 【引当金の計上要否の判断および引当金の算定】 為替相場の変動による影響額も含めて，工事損失引当金の計上要否の判断および引当金の算定を行います。

解 説

　受注制作のソフトウェアを開発するにあたって，収益や原価が外貨建てになっているケースがある場合，為替相場の変動が工事進行基準の進捗度や工事損失引当金の判定等に影響することとなります。

　以下では，「原価比例法を採用している場合の進捗度の算定」および「工事損失引当金の計上要否の判断および引当金の算定」について解説します。

1．原価比例法を採用している場合の進捗度の算定

　原価比例法を採用している場合，為替相場に大幅な変動があった際に，本来工事の進捗とは関係のない為替変動の影響が工事進捗度の算定に反映され，工事進捗度を適正に計算できないことが考えられます。

　工事契約会計基準では，実行予算を前提とした為替相場に基づいて原価比例法の計算を行い，為替相場の変動の影響を排除することも検討されましたが，当初の実行予算の為替相場を継続して用いることが常に合理的とはいえないことや，工事契約ごとに複数の為替相場を継続して用いることの実務上の負担等を鑑み，この方法は採用されていません。

　工事契約会計基準上，為替相場の影響がある取引における具体的な算定方法

は定められていないため，原価比例法を適用した算定結果が，実際の工事の進捗を合理的に反映しない場合には，契約の内容や状況に応じて，原価比例法による進捗度の算定上適切な調整の検討や，原価比例法以外の他の合理的な見積方法の検討が必要になります（工事契約適用指針25，26）。

ここ注意！

　為替相場の影響の調整方法や，原価比例法以外の他の合理的な見積方法を各社で検討することになりますが，恣意性を排除するため，社内でルール化し継続的に同じ方法を採用する必要があります。

2．工事損失引当金の計上要否の判断および引当金の算定

　工事損失引当金の計上要否の判断および引当金の算定にあたって，為替相場の変動の影響をどのように取り扱うかが問題となりますが，工事契約適用指針では，為替相場の変動による影響額も含めて，工事損失引当金の計上要否の判断および引当金の算定を行うこととされています（工事契約適用指針29）。

　その理由として，工事契約から生じる損益の中には，必然的に為替相場の変動による影響が含まれる以上，これを特に除外すべき理由はなく，実際に工事契約について大きな為替リスクが存在する場合には，企業は，為替相場の変動を含めた損益管理をするのが通常であるためとされています（工事契約適用指針28）。

Q5-28 連結決算上の留意事項

Q	制作を連結子会社に委託している場合は，連結財務諸表上の会計処理はどのようになるのでしょうか。
A	本来の連結ベースでの進捗率を算定し，計上金額を修正する必要があります。

解 説

制作を連結子会社に委託している場合の連結財務諸表上の会計処理について，設例を用いて解説します。

設例5-5 制作を連結子会社に委託している場合の連結財務諸表上の会計処理

(前提条件)

	親会社	連結子会社
契約金額	1,000	400
見積総原価	800 (内，子会社外注費400)	300
見積総利益	200	100
当期発生原価	500 (内，子会社外注費200)	150
当期進捗率	62.5%	50%

(会計処理)

1．親会社および連結子会社ともに工事進行基準を適用している場合

親会社および連結子会社ともに工事進行基準を適用している場合，個別財務諸表上において，親会社および連結子会社にて各進捗率に応じて売上高が算定されます。これを単純合算し，連結修正仕訳（内部取引消去）を行った連結売上高は，本来の連結ベースでの進捗率に基づいた連結売上とならない可能性があります。

単純合算および連結修正仕訳（内部取引消去）後の結果は以下のようになります。

	親会社	子会社	単純合算	相殺(*3)	連結
売上	625(*1)	200(*2)	825	200	625
原価	500	150	650	200	450
利益	125	50	175	—	175
進捗率	62.5%	50%	—	—	62.5%

（＊1）　1,000×62.5%＝625

（＊2）　400×50%＝200

（＊3）　内部取引消去仕訳

（借）　売上（子会社）　　　　　　200　　（貸）　原価（親会社）　　　　　　200

　ここで，本来の連結ベースでの進捗率を算定すると，以下のようになります。

	親会社	子会社	単純合算	相殺	連結
契約金額	1,000	400	1,400	400	1,000
見積総原価	800	300	1,100	400	700
見積総利益	200	100	300	—	300
当期発生原価	500	150	650	200	450
進捗率	—	—	—	—	64.2%(*4)
売上	—	—	—	—	642

（＊4）　450/700＝64.2%

　上記のように，連結修正仕訳（内部取引消去）後の進捗率が62.5%であるのに対し，連結ベースでの本来の進捗率は64.2%となります。

　連結子会社においては，個別上での進捗率に基づき売上を計上しているため，連結修正仕訳（内部取引消去）だけでは，本来の連結ベースでの進捗率に基づいた連結売上となりません。

　そのため，本設例の場合は，以下の追加仕訳が必要となります。

（借）　売　掛　金　　　　　　17　（貸）　売　　　　上　　　　　　17

＊642－625＝17

2．親会社にて工事進行基準，連結子会社にて工事完成基準を適用している場合

単純合算および連結修正仕訳（内部取引消去）後の結果は以下のようになります。

	親会社	子会社	単純合算	相殺 (*3)	連結
売上	375 (*3)	－	375	－	375
原価	300 (*1)	－	300	－	300
利益	75	－	75	－	75
仕掛品	－	150	150	－	150
進捗率	37.5% (*2)	－	－	－	37.5%

（＊1） 子会社外注費を控除　$500-200=300$

（＊2）　$300/800=37.5\%$

（＊3）　$1,000×37.5\% =375$

本設例においては，連結財務諸表作成の過程において，内部取引消去仕訳は発生しません。しかし，本来の連結ベースでの進捗率に基づいた連結売上を計上するため，以下の追加仕訳が必要となります。

（借）原　　　　　価　　　150　（貸）仕　　掛　　品　　　150

この追加仕訳を行うことで，本来の連結ベースでの進捗率は，「1．親会社および連結子会社ともに工事進行基準を適用している場合」にて算定した64.2％となり，計上すべき連結売上高は642となります。

したがって，本設例の場合は，以下の追加仕訳が必要となります。

（借）売　　掛　　金　　　267　（貸）売　　　　　上　　　267

＊$642-375=267$

ここ注意！

　上記のように本来の連結ベースでの進捗率を算定するためには，連結子会社に委託している案件および外注金額を，親会社にて網羅的に管理する必要があり，プロジェクトコードをうまく活用する等，社内管理体制を十分に検討する必要があります。

Q 5-29　四半期決算の簡便的な会計処理

Q	四半期決算において容認されている簡便的な会計処理について教えてください。
A	工事原価総額が著しく変動している工事契約等を除き，前事業年度末または直前の四半期会計期間末に見積った工事原価総額を，当該四半期会計期間末における工事原価総額の見積額とすることができるとされています。

解 説

　四半期連結財務諸表の作成のために採用する会計処理の原則および手続は，四半期特有の会計処理を除き，原則として年度の連結財務諸表の作成にあたって採用する会計処理の原則および手続に準拠しなければならないとされています（四半期会計基準9, 20）。

　ただし，四半期財務諸表においては開示の適時性が求められることから，四半期会計期間および期首からの累計期間に係る企業集団の財政状態，経営成績およびキャッシュ・フローの状況に関する財務諸表利用者の判断を誤らせない限り，簡便的な会計処理によることもできることとされています（四半期会計基準9, 20）。

　ここで，工事進行基準の適用にあたっては，簡便的な会計処理が認められるか否か，どのようなものであれば認められるかが問題になります。

　この点，工事契約適用指針においては以下のように記載されています。

【工事契約適用指針第9項】
　四半期会計期間末における工事原価総額が，前事業年度末又は直前の四半期会計期間末に見積った工事原価総額から著しく変動していると考えられる工事契約等を除き，前事業年度末又は直前の四半期会計期間末に見積った工事原価総額を，当該四半期会計期間末における工事原価総額の見積額とすることができる。

　工事契約適用指針においては原価総額の見積りについて簡便な方法が認められており，具体的には工事契約等が四半期会計期間に著しく変動していなければ，直前の事業年度末または四半期会計期間末の原価総額の見積りを当四半期

会計期間末における工事原価総額の見積りとすることができるとするものです。

さらに，適用指針においては，この工事原価総額の著しい変動をもたらす要因として，例えば重要な工事契約の変更や資材価格の高騰などが挙げられています（工事契約適用指針30）。

なお，工事完成が間近であれば工事原価総額を容易に見積ることが可能な場合も多いと考えられるため，このような場合においては事業年度末と同様の取扱いをすることが求められています（工事契約適用指針31）。

Q 5-30　総額表示・純額表示

Q	収益を総額で表示すべき場合と，純額で表示すべき場合の判断基準を教えてください。
A	瑕疵担保リスク，在庫リスクや信用リスクなどの，通常の負担すべきリスクを負っているのであれば販売取引として総額表示を行い，リスクを負っていないのであれば仲介取引として純額表示を行うこととなります。

解説

1．基本的な考え方

我が国における情報サービス産業は，さまざまな理由により大手の元請企業（いわゆるシステムインテグレーター）の傘下に非常に多くの外注下請企業が多段階に連なるという多段階請負構造となっているといえます。

一般的な取引においては，各企業はそれぞれ契約によって定められた役割を果たすために生産活動を行いますが，上記のような構造のもとでは，特段の生産活動を行わずソフトウェア開発の請負をすべて外注先に再委託する，ハードウェアやパッケージソフトウェアに開発を加えず仕入れて販売するだけなどの，商社的取引が行われることもあります。さらには，通常であれば販売者が顧客に対して負担する販売リスク（瑕疵担保リスクや在庫リスク，信用リスク等）を負わずに，製品やサービスに対して物理的・機能的な付加価値の増加を伴わ

ない仲介取引として行われることもあります。このような仲介取引には，例えば以下のような目的による場合が挙げられます。

- 販売先あるいは仕入先の紹介に伴う取次を目的として行われる
- 最終ユーザーや元請先から利用するパッケージソフトウェアやハードウェア等を指定されるため行われる
- 与信補完や口座新設手続の省略などを目的として行われる

このような仲介取引については，(a)販売取引として損益計算書上で売上高と売上原価を総額で表示する会計処理と，(b)仲介取引として損益計算書上で売上高と売上原価の純額を仲介手数料として表示する会計処理とがあります。

以上のことをまとめると，図表5-13のようになります。

図表5-13　仲介取引の総額・純額表示

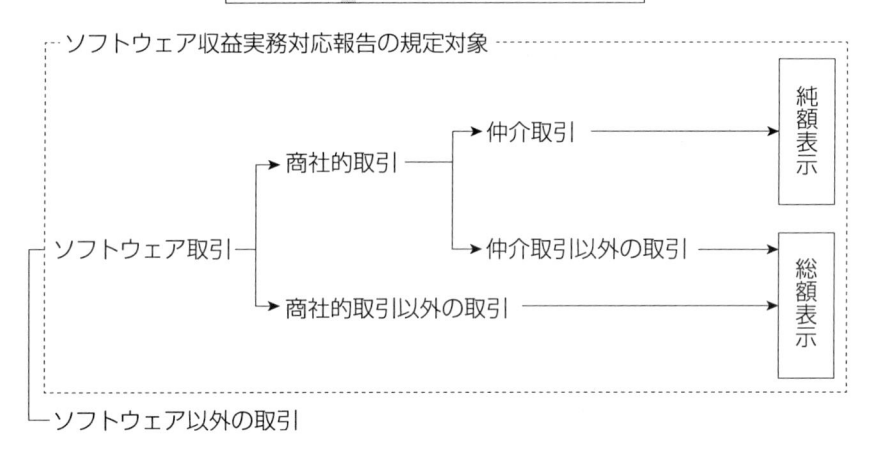

2．総額表示・純額表示の判断

(1)　判断基準

ソフトウェア収益実務対応報告においては，総額表示を行うことが適切ではないソフトウェア取引について，以下のように記載されています。

【ソフトウェア収益実務対応報告4】
…物理的にも機能的にも付加価値の増加を伴わず，会社の帳簿上通過するだけの

> 取引も存在する。このような複数の企業を介する情報サービス産業におけるソフトウェア関連取引において，委託販売で手数料収入のみを得ることを目的とする取引の代理人のように，一連の営業過程における仕入及び販売に関して通常負担すべきさまざまなリスク（瑕疵担保，在庫リスクや信用リスクなど）を負っていない場合には，収益の総額表示は適切でない。

　すなわち，物理的にも機能的にも付加価値の増加を伴わない取引は総額表示を行うことは適切ではなく，一連の仕入および販売に関して通常負担すべきリスク（瑕疵担保リスク，在庫リスクや信用リスクなど）を負担していない取引についてはこれに該当すると考えられるとするものです。

　なお，これは販売者がすべてのリスクを負わなければ付加価値の増加を伴わないと判断されるということではありません。各企業で行われる一連の取引が通常の取引として負担すべきリスクを負っているか否かという視点から総合的に実態を判断することとなります。その結果，通常の負担すべきリスクを負っているのであれば販売取引として総額表示を行い，リスクを負っていないのであれば仲介取引として純額表示を行うこととなります。

(2)　仲介取引の例

　ソフトウェア収益実務対応報告においては，以下のようなソフトウェア関連取引については，販売者は，一般的に通常負担すべきさまざまなリスクを負っていることが明らかでないと考えられるとしています。

> - 機器（ハードウェア）やパッケージソフトウェアなどの完成度の高いものにソフトウェア開発を行って販売するケースにおいて，ソフトウェア開発の占める割合が小さいなど，付加価値がほとんど加えられていない場合の当該機器（ハードウェア）やパッケージソフトウェアに関する取引
> - 受注制作ソフトウェアにおいて，第三者であるパートナー（協力会社）にそのプロジェクト管理のすべてを委託している場合の当該ソフトウェア開発に関する取引
> - 機器（ハードウェア）にソフトウェアを組み込んだ製品やパッケージソフトウェアの売手が，製品の仕様（スペック）や対価の決定に関与していない場合の当該機器（ハードウェア）やパッケージソフトウェアに関する取引

Q 5-31 ┃ 不正な会計処理

Q	ソフトウェアについて不正な会計処理が行われるケースを教えてください。
A	情報サービス産業においては，不正取引として「スルー取引」，「架空循環取引（Uターン取引）」，「クロス取引（バーター取引）」等があります。

解説

　情報サービス産業においては，多段階的請負構造やシステム開発の一部としてのハードウェアやパッケージ化されたソフトウェアの流通が頻繁に行われており，商社的取引は日常的に行われています。ここで問題となるのは，仲介取引を架空売上の計上や利益操作などを目的として行われるような，異常な商社的取引です。

　仲介取引は，物理的にも機能的にも付加価値の増加を伴わない企業の帳簿を通過するだけの取引であるため，これを悪用し，例えば取引先と共謀して売上高を水増しするために仲介取引を行うことも可能といえます。また，まったく存在しない取引を仲介取引と装うことによって架空売上を計上することも可能です。

　IT業界における特殊な取引検討プロジェクトチーム報告「情報サービス産業における監査上の諸問題」では，仲介取引を利用した不正取引として以下のような事例を説明しています。

---

① 　スルー取引
　複数の企業間で売上金額の増額を目的として行われる仲介取引等のケース
② 　架空循環取引（Uターン取引）
　自社が起点および終点となってその間にスルー取引が行われ，最終的に自社が販売した商品・製品等が複数の企業を経由して自社にUターンして戻り，在庫または償却資産として保有されるケース
③ 　クロス取引（バーター取引）
　複数の企業が互いに商品・製品等をクロスして販売し合い，その後在庫を保有し合う（または在庫を保有しないで単に売上を相互にスルー取引する）ケース

　このようなケースは，取引全体としては実体のない利益操作目的の異常な商

社的取引と考えられます。企業においては，このような不正な取引を防止，発見できるような仕組みを整えることが重要であると考えられます。

第6章

新収益認識会計基準
導入の影響

Point

- 収益認識に関する会計基準は，他に優先される基準がある場合を除き，顧客との契約から生じる収益に関する会計処理および開示に適用されます。
- 収益認識に関する会計基準の基本となる原則は，約束した財またはサービスの顧客への移転を，当該財またはサービスと交換に企業が権利を得ると見込む対価の額で描写するように，収益の認識を行うことであり，収益認識の5ステップを適用します。

Q6-1 収益認識に関する会計基準の概要

Q	収益認識に関する会計基準の概要を教えてください。
A	新収益認識会計基準は，顧客との契約から生じる収益に関する会計処理および開示に適用されます。新収益認識会計基準の基本となる原則によれば，約束した財またはサービスの顧客への移転を，当該財またはサービスと交換に企業が権利を得ると見込む対価の額で描写するように，収益の認識が行われます。

解 説

　基準は，他の会計基準等の適用を受けるものとして定められたものを除き，顧客から生じる収益に関する会計処理および開示に適用され（新収益認識会計基準3），基本となる原則は，約束した財またはサービスの顧客への移転を，当該財またはサービスと交換に企業が権利を得ると見込む対価の額で描写するように，収益の認識を行うこと（新収益認識会計基準16）です。前述の基本となる原則に従って収益を認識するために，「顧客との契約の識別」，「契約における履行義務の識別」，「取引価格の算定」，「取引価格の配分」，「履行義務の充足」の5ステップを適用します。

　IFRS第15号の基本的な原則をすべて取り入れる一方で，これまで我が国で行われてきた実務等に配慮すべき項目がある場合には，国際的な比較可能性を損なわせない範囲で代替的な取扱いを追加しています。

1. 基準の適用範囲

　顧客との契約から生じる収益に関する会計処理および開示に適用されますが，以下の6項目は適用外とされています（新収益認識会計基準3）。

(1)　企業会計基準第10号「金融商品に関する会計基準」（以下「金融商品会計基準」という。）の範囲に含まれる金融商品に係る取引

(2)　企業会計基準第13号「リース取引に関する会計基準」（以下「リース会計基準」という。）の範囲に含まれるリース取引

(3)　保険法における定義を満たす保険契約
(4)　顧客又は潜在的な顧客への販売を容易にするために行われる同業他社との商品又は製品の交換取引（例えば，2つの企業の間で，異なる場所における顧客からの需要を適時に満たすために商品又は製品を交換する契約）
(5)　金融商品の組成または取得に際して受け取る手数料
(6)　日本公認会計士協会 会計制度委員会報告第15号「特別目的会社を活用した不動産の流動化に係る譲渡人の会計処理に関する実務指針」（以下「不動産流動化実務指針」という。）の対象となる不動産（不動産信託受益権を含む）の譲渡

　また，新収益認識会計基準の適用により，以下の会計基準等が廃止されます。

(1)　企業会計基準第15号「工事契約に関する会計基準」
(2)　企業会計基準適用指針第18号「工事契約に関する会計基準の適用指針」
(3)　実務対応報告第17号「ソフトウェア取引の収益の会計処理に関する実務上の取扱い」

2．基準の5ステップ

　新収益認識会計基準は，その基本となる原則に従って収益を認識するために，以下の5ステップを適用することを定めています（新収益認識会計基準17）。

(1)　顧客との契約を識別する（ステップ1）
(2)　契約における履行義務を識別する（ステップ2）
(3)　取引価格を算定する（ステップ3）
(4)　契約における履行義務に取引価格を配分する（ステップ4）
(5)　履行義務を充足した時に又は充足するにつれて収益を認識する（ステップ5）

　ステップ1では収益認識の対象となる契約を識別します。契約が変更された場合に契約変更を独立した契約として処理するか否か，複数の契約を結合し単一の契約とみなして処理するか否かは，このステップにおいて検討を行います。

　ステップ2では収益認識の単位として履行義務を識別します。区別できる財またはサービスを提供するか，契約において財またはサービスを区別できるか，という観点で履行義務の識別がなされます。

　ステップ3では収益認識の金額を決定します。変動対価または現金以外の対価の存在を考慮し，金利相当分の影響があるか，顧客に支払われる対価であるか，の観点で取引価格の算定が行われます。

　ステップ4では複数の履行義務について別個の財またはサービスそれぞれの独立販売価格の比率に基づき，取引価格の配分が行われます。

　ステップ5では財またはサービスを顧客に移転することにより履行義務が充足された時点に，または充足するにつれて収益を認識します。

3．基準に基づく債権債務の貸借対照表計上額

　財またはサービスを顧客に移転するタイミングと顧客からの対価を受け取るタイミングにより，以下のように債権または債務を認識します（新収益認識会計基準77，78）。

(1)　顧客から対価を受け取る前又は対価を受け取る期限が到来する前に，財又はサービスを移転した場合には，収益を認識し，契約資産又は債権を貸借対照表に計上する。契約資産は金銭債権として取り扱うこととし，金融商品会計基準に従って処理する。
(2)　財又はサービスを顧客に移転する前に顧客から対価を受け取る場合，顧客から対価を受け取った時又は対価を受け取る期限が到来した時のいずれか早い時点で，顧客から受け取る対価について契約負債を貸借対照表に計上する。

　例えば，現行の実務における完成工事未収入金は，顧客から対価を受け取る期限が到来する前に財またはサービスの移転が行われ，債権に該当するものと契約資産に該当するものが含まれると考えられますが，いずれも金融商品会計基準の適用を受けるとともに時価開示の対象となります。

4．新収益認識会計基準が定める開示

　企業が履行している場合または企業が履行する前に顧客から対価を受け取る場合には，企業の履行と顧客の支払との関係に基づき，契約資産，契約負債または債権を適切な科目をもって貸借対照表に表示します（新収益認識会計基準79）。

　また，顧客との契約から生じる収益については，企業の主要な事業における主な履行義務の内容および企業が当該履行義務を充足する通常の時点（収益を認識する通常の時点）を重要な会計方針の注記に含めず，個別の注記として開示します（新収益認識会計基準80）。

Q6-2 顧客との契約の識別（ステップ1）に関する留意事項

Q	収益認識のステップ1である「顧客との契約の識別」に関する留意点を教えてください。また、ソフトウェア産業において会計基準を適用するうえで論点となりうる事項を教えてください。
A	どのような形態で当事者と合意が行われたか等の契約の識別に関する事項、別々の契約を1つの契約とする等の契約の結合に関する事項、範囲や価格の変更等の契約変更に関する事項について、取扱いが定められており、論点になります。 ソフトウェア産業においては、特に受注制作のソフトウェアに関する顧客との契約において、仕様変更や追加契約、複数の工程にまたがるシステム開発が同一の契約により行われた場合の会計処理について留意が必要となります。

解 説

　ステップ1では、一定の要件を満たす顧客との契約を識別します。新収益認識会計基準の定めは顧客と合意し、かつ所定の要件を満たす契約に適用されます。ここで「契約」とは、法的な強制力のある権利および義務を生じさせる複数の当事者間における取り決めと定義されています（新収益認識会計基準5）。この取り決めは文書による場合もあれば、口頭や取引慣行によりなされる場合もあります。

1．契約の識別

　新収益認識会計基準では、以下の(1)から(5)の要件のすべてを満たす顧客との契約を識別します（新収益認識会計基準19）。

(1) 当事者が、書面、口頭、取引慣行等により契約を承認し、それぞれの義務の履行を約束していること
(2) 移転される財又はサービスに関する各当事者の権利を識別できること
(3) 移転される財又はサービスの支払条件を識別できること

(4) 契約に経済的実質があること（すなわち，契約の結果として，企業の将来キャッシュ・フローのリスク，時期又は金額が変動すると見込まれること）
(5) 顧客に移転する財又はサービスと交換に企業が権利を得ることとなる対価を回収する可能性が高いこと
　　当該対価を回収する可能性の評価にあたっては，対価の支払期限到来時における顧客が支払う意思と能力を考慮する。

　ソフトウェア産業においては，顧客の慣習的な取引慣行により，ソフトウェアが完成してから事後的に契約が締結される取引がみられます。ここで，文書での契約書で合意がない場合に，内示書等で発注意思を確認できていることで顧客との契約を識別できるかが論点となりますが，前述のとおり，「契約」とは，法的な強制力のある権利および義務を生じさせる取り決めであり，書面，口頭，取引慣行等により成立するとされています。したがって，内示書等であってもそれらにより新収益認識会計基準第19項に定めるすべての要件を充足していれば，それらをもって契約を識別することになると考えられます。

　ただし，実務上，仕様の確定や金額・支払条件の交渉は，内示書が提示された後で随時顧客と行われる場合も多く，その場合には新収益認識会計基準第19項の契約の識別要件を満たさない可能性がありますので，収益計上の可否を慎重に判断する必要があります。

ここ注意！
　契約の成立は契約書に限らず，内示書等による場合もありますが，その場合には契約の識別要件が満たされているかについて慎重に検討する必要があります。
　そのため，顧客との標準的な契約プロセスについて社内規程・マニュアル等で適切に文書化することが考えられます。

2．契約の結合
　同一の顧客（または顧客の関連当事者）と同時またはほぼ同時に締結した複数の契約について以下の(1)から(3)のいずれかに該当する場合には，当該複数の契約を結合し，単一の契約とみなして処理します（新収益認識会計基準27）。

> (1) 当該複数の契約が同一の商業的目的を有するものとして交渉されたこと
> (2) 1つの契約において支払われる対価の額が，他の契約の価格又は履行により影響を受けること
> (3) 複数の契約において約束した財又はサービスが，第32項から第34項に従うと単一の履行義務となること

　システム開発においては，要件定義，開発・基本設計，詳細設計，開発工程等の工程別の複数の請負契約により1つのプロジェクトを構成していることがあります。その場合，工程別の契約を結合し単一の契約とみなして処理する必要があるか否かの検討が必要となります。

ここ注意！

> 　システム開発において工程別に請負契約を締結している場合等は，複数の契約を結合して，単一の契約とみなすか検討する必要があります。

3．契約変更

　契約変更とは，契約の当事者が承認した契約の範囲または価格（あるいはその両方）の変更であり，契約の当事者が，契約の当事者の強制力のある権利および義務を新たに生じさせる変更または既存の強制力のある権利および義務を変化させる変更を承認した場合に生じるものである（新収益認識会計基準28）とされています。

　契約変更が，以下の(1)および(2)の要件のいずれも満たす場合には，当該契約変更を独立した契約として処理することが求められます（新収益認識会計基準30）。

> (1) 別個の財又はサービス（第34項参照）の追加により，契約の範囲が拡大されること
> (2) 変更される契約の価格が，追加的に約束した財又はサービスに対する独立販売価格に特定の契約の状況に基づく適切な調整を加えた金額分だけ増額されること

　契約変更が上記の要件を満たさず，独立した契約として処理されない場合に

は，契約変更日において未だ移転していない財またはサービスについて，それぞれ以下の(1)から(3)のいずれかの方法により処理します（新収益認識会計基準31）。

---

(1) 未だ移転していない財又はサービスが契約変更日以前に移転した財又はサービスと別個のものである場合には，契約変更を既存の契約を解約して新しい契約を締結したものと仮定して処理する。残存履行義務に配分すべき対価の額は，次の①及び②の合計額とする。

① 顧客が約束した対価（顧客からすでに受け取った額を含む。）のうち，取引価格の見積りに含まれていたが収益として認識されていない額

② 契約変更の一部として約束された対価

(2) 未だ移転していない財又はサービスが契約変更日以前に移転した財又はサービスと別個のものではなく，契約変更日において部分的に充足されている単一の履行義務の一部を構成する場合には，契約変更を既存の契約の一部であると仮定して処理する。これにより完全な履行義務の充足に向けて財又はサービスに対する支配を顧客に移転する際の企業の履行を描写する進捗度（以下「履行義務の充足に係る進捗度」という。）及び取引価格が変更される場合は，契約変更日において収益の額を累積的な影響に基づき修正する。

(3) 未だ移転していない財又はサービスが(1)と(2)の両方を含む場合には，契約変更が変更後の契約における未充足の履行義務に与える影響を，それぞれ(1)又は(2)の方法に基づき処理する。

　なお，契約変更による財またはサービスの追加が既存の契約内容に照らして重要性が乏しい場合には，当該契約変更について処理するにあたり，新収益認識会計基準第30項または第31項(1)もしくは(2)のいずれの方法も適用することができるという代替的な取扱いが定められています（新収益認識適用指針92，Q6-7の解説１参照）。

　システム開発においては工程別にソフトウェア開発の請負契約が締結されており，前工程の精算を次工程で行うケースがみられます。工程ごとの契約が別々の履行義務であるとされた場合には，次工程における契約額の調整に関する会計処理をどのように行うかの検討が必要となります。

ここ注意！

　システム開発において工程別に履行義務が識別され，次工程の契約内容について前工程の影響を受ける場合には，契約変更による会計処理が必要となります。契約変更に関しては重要性が乏しい場合の代替的な取扱いも定められています。
　実務上は契約変更の承認フローを確立する必要があります。

Q6-3 履行義務の識別（ステップ２）に関する留意事項

Q	収益認識のステップ２である「履行義務の識別」に関する論点を教えてください。また，ソフトウェア産業において新収益認識会計基準を適用するうえで留意すべき事項を教えてください。
A	収益認識の単位を識別するにあたり，区別できる財またはサービスを提供しているか，契約において財またはサービスを区分できるか，という点が論点になります。 ソフトウェア産業においては，受注ソフトウェアの開発において工程別に契約が締結されている場合や，１つの契約でソフトウェアとハードウェア，保守サービス等の異なる種類の取引を締結するような複合取引の会計処理等について，留意が必要となります。

解説

　ステップ２では，顧客との契約から生じる収益を会計処理するために，顧客との契約に含まれている履行義務を識別します。契約に複数の財またはサービスが含まれる場合，履行義務，すなわち，顧客との契約に含まれる財またはサービスのうち個別に会計処理すべき財またはサービスを識別する必要があります。ステップ３以降の手続により，契約金額の合計は各履行義務に配分され，各履行義務が充足された時点で（または充足されるにつれて）当該配分金額で収益の認識がなされることから，履行義務の識別は重要なステップです。履行義務は収益を認識する会計処理の単位であり，この判断により，収益認識の時

期と金額に影響が及ぶことになります。

履行義務の識別

　契約における取引開始日に，顧客との契約において約束した財またはサービスを評価し，以下に定めるとおり，顧客に移転する約束のそれぞれについて履行義務として識別します（新収益認識会計基準32）。

> 顧客との契約において次のいずれかを顧客に移転する約束について履行義務として識別
> (1)　別個の財又はサービス（あるいは別個の財又はサービスの束）
> (2)　一連の別個の財又はサービス（特性が実質的に同じであり，顧客への移転のパターンが同じである複数の財又はサービス）

　別個の財であるか，サービスが別個であるかどうかの判断にあたっては，個々の財またはサービスレベルで区別ができること，契約の観点から区別ができることのいずれも満たす必要があり，図表6-1のように整理できます。

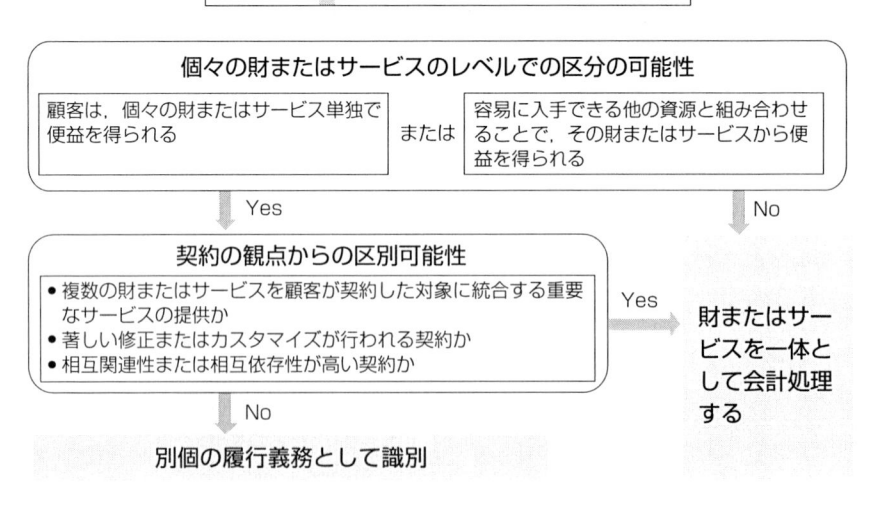

図表6-1　別個の財またはサービスかの判定

　ソフトウェア産業においては，システム開発契約について，各工程ごとに契約を行う場合や，1つの契約でソフトウェアとハードウェア，トレーニング

サービス，保守サービス等の複数の製品やサービスを一括して受託する複合取引がみられます。

　ステップ1において識別された契約上のそれぞれの財またはサービスについて，別個のものとなり得るかどうかを上記要件に当てはめて判定することが必要です。

ここ注意！

　複合取引等については財またはサービスごとに顧客が受ける便益と契約の双方の観点から，別個の履行義務とするか，単一の履行義務とするかの判定が求められることに留意が必要です。

　実務上は，プロジェクトごとに採番を行うなどの管理上の対応も必要になる可能性があります。

　なお，約束した財またはサービスが顧客との契約の観点で重要性に乏しい場合には，当該約束が履行義務であるのかについて評価しないことができるという代替的な取扱いが定められています（新収益認識適用指針93，Ｑ6-7の解説2参照）。

Q6-4　取引価格の算定（ステップ3）に関する留意事項

Q	収益認識のステップ3である「取引価格の算定」に関する論点を教えてください。また，ソフトウェア産業において新収益認識会計基準を適用するうえで留意すべき事項を教えてください。
A	収益認識の金額の基礎となる取引価格を算定する際に第三者のために回収する金額は取引価格に含まれないことや，価格変動制のある契約がある場合が論点になります。 ソフトウェア産業においては従価制のクラウドサービス等，価格変動制のある取引がみられるため，留意が必要となります。

解 説

　ステップ3では，収益として認識される金額の基礎となる取引価格を決定します。取引価格の算定は収益認識の金額を決める重要なステップになります。

　「取引価格」とは，顧客への約束した財またはサービスの移転と交換に企業が権利を得ると見込む対価の金額であり，第三者のために回収する金額を除く，と定義されています（新収益認識会計基準8）。

　そのため，企業が権利を得るわけではなく，例えば消費税など第三者のために回収する金額については取引価格には含まれません。また，取引価格を算定する際には，変動対価や重要な金融要素などの影響を考慮することとされており（新収益認識会計基準48），取引価格の算定上では，将来の契約の取消，更新または変更はないものと仮定するとされています（新収益認識会計基準49）。したがって，取引価格の金額は，企業が現在の契約に基づき権利を有する金額が反映されます。

1．取引価格の算定

　取引価格の算定に影響を与える要素は以下となります（新収益認識会計基準48）。

---

(1)　変動対価
(2)　契約における重要な金融要素
(3)　現金以外の対価
(4)　顧客に支払われる対価

　上記それぞれの要素について，企業の現在の契約に基づき権利を有する金額を反映する必要があります。

2．変動対価

　顧客と約束した対価のうち変動する可能性のある部分を「変動対価」といいます（新収益認識会計基準50）。変動対価を見積る方法は以下となります（新収益認識会計基準51，54）。

(1) 最頻値法（発生し得ると考えられる対価の額における最も可能性の高い単一の金額）か期待値法（発生し得ると考えられる対価の額を確率で加重平均した金額）のうち，より企業にとって適切な方法
(2) 変動対価の額に関する不確実性が事後的に解消される際に，解消される時点までに計上された収益の著しい減額が発生しない可能性が高い部分に限り，取引価格に含める。

　ソフトウェア産業においては，従量制のクラウドサービスを提供する取引で使用料によって単価が変動する契約などがみられます。

　このように，契約にある対価に変動制のある契約を含んでいる場合には，取引価格を算定するために，契約開始時点で変動対価を見積る必要があります。

　ただし，対価が確定した場合に見積りで計上した収益の重要な戻入れが発生しないよう「発生する可能性が高い部分に限り」取引価格に含める必要があります。したがって，追加料金部分については，最頻値法や期待値法により見積った取引価格について「発生する可能性が高い部分」しか含められないことに留意が必要です。

ここ注意！

　契約に価格変動部分が含まれている場合には，契約開始時に最頻値法か期待値法により変動対価を見積る必要がありますが，変動対価に関する不確実性が事後的に解消される場合，「収益の著しい減額が発生する可能性が高い部分に限り」取引価額に含める点に留意が必要です。
　実務上は，変動対価部分を見積るプロセスを確立する必要性が生じる可能性があります。

3．契約における重要な金融要素

　契約の当事者が明示的または黙示的に合意した支払時期により，財またはサービスの顧客への移転に係る信用供与についての重要な便益が顧客または企業に提供される場合には，顧客との契約は重要な金融要素を含むものとされており，取引価格の算定にあたり，金融要素について以下に従った調整を行います（新収益認識会計基準56〜58）。

> (1) 顧客との契約に重要な金融要素が含まれる場合，取引価格の算定にあたっては，約束した対価の額に含まれる金利相当分の影響を調整する。
> (2) 契約における取引開始日において，約束した財又はサービスを顧客に移転する時点と顧客が支払を行う時点の間が１年以内であると見込まれる場合には，重要な金融要素の影響について約束した対価の額を調整しないことができる。

4．現金以外の対価

　現金以外の対価の算定については，以下のように定められています（新収益認識会計基準59〜62）。

> (1) 契約における対価が現金以外の場合に取引価格を算定するにあたっては，当該対価を時価により算定する。
> (2) 現金以外の対価の時価を合理的に見積ることができない場合には，当該対価と交換に顧客に約束した財又はサービスの独立販売価格を基礎として当該対価を算定する。
> (3) 現金以外の対価の時価が変動する理由が，株価の変動等，対価の種類によるものだけではない場合（例えば，企業が顧客との契約における義務を履行するにつれて時価が変動する場合）には，第54項の定めを適用する（**2**(2)参照）。
> (4) 企業による契約の履行に資するために，顧客が財又はサービス（例えば，材料，設備又は労働）を企業に提供する場合には，企業は，顧客から提供された財又はサービスに対する支配を獲得するかどうかを判定する。顧客から提供された財又はサービスに対する支配を獲得する場合には，当該財又はサービスを，顧客から受け取る現金以外の対価として処理する。

5．顧客に支払われる対価

　顧客に支払われる対価については取引価格の算定上，以下のように取り扱われます（新収益認識会計基準63〜64）。

> (1) 金額の算定
> 　企業が顧客に対して支払う現金の額や，顧客が企業に対する債務額に充当できる金額
> (2) 認識の時点
> 　次のいずれか遅い時点で収益から減額する。
> 　① 関連する財又はサービスの移転に対する収益を認識する時
> 　② 対価を支払うか又は支払を約束する時

Q6-5 履行義務への取引価格の配分（ステップ４）に関する留意事項

Q	収益認識のステップ４である「履行義務への取引価格の配分」に関する論点を教えてください。また，ソフトウェア産業において新収益認識会計基準を適用するうえで留意すべき事項を教えてください。
A	取引開始日の独立販売価格の比率に基づき，契約全体の取引価格を各履行義務に配分します。この際の独立販売価格を見積る方法が論点になります。ソフトウェア産業においては，複合取引において各履行義務に対する独立販売価格をいかに見積り配分するかについて，留意が必要となります。

解 説

　ステップ４では，独立販売価格の比率に基づき，契約全体の取引価格を各履行義務へ配分します（新収益認識会計基準66）。複数の財またはサービスをセットで販売した場合においても，それぞれの独立販売価格の比率で履行義務に取引価格を配分します。

　なお，独立販売価格を直接観察できない場合には市場の状況，企業固有の要因，顧客に関する情報等，合理的に入手できるすべての情報を考慮し，観察可能な入力数値を最大限利用して，独立販売価格を見積ることとされており，類似の状況においては，見積方法を首尾一貫して適用するとされています（新収益認識会計基準69）。

1．独立販売価格に基づく配分

　「独立販売価格」とは，財またはサービスを独立して企業が顧客に販売する場合の価格をいう，と定義されています（新収益認識会計基準９）。独立販売価格の比率に基づき取引価格を配分する際には，契約におけるそれぞれの履行義務の基礎となる別個の財またはサービスについて，契約における取引開始日の独立販売価格を算定し，取引価格を当該独立販売価格の比率に基づき配分するとされており（新収益認識会計基準69），独立販売価格を直接観察できない場合には，市場の状況，企業固有の要因，顧客に関する情報等，合理的に入手

できるすべての情報を考慮し，観察可能な入力数値を最大限利用して，独立販売価格を見積ります（新収益認識会計基準69）。類似の状況においては，見積方法を首尾一貫して適用するとされていますが，実務的には独立販売価格が直接観察できない場面もあり，その場合には，例えば以下のように独立販売価格を見積る方法があります（新収益認識適用指針31）。

---

(1) 調整した市場評価アプローチ
　　財又はサービスが販売される市場を評価して，顧客が支払うと見込まれる価格を見積る方法
(2) 予想コストに利益相当額を加算するアプローチ
　　履行義務を充足するために発生するコストを見積り，当該財又はサービスの適切な利益相当額を加算する方法
(3) 残余アプローチ
　　契約における取引価格の総額から契約において約束した他の財又はサービスについて観察可能な独立販売価格の合計額を控除して見積る方法（＊）
　（＊）　残余アプローチは次のいずれかの場合にのみ利用可能
　　● 同一の財又はサービスを異なる顧客に同時又はほぼ同時に幅広い価格帯で販売している。
　　● 当該財又はサービスの価格を企業がいまだ設定しておらず，当該財又はサービスを独立して販売したことがない。

　履行義務の識別の論点でもある複合取引の場合には，各財やサービスごとの価格が契約で定められている場合があり，契約金額が取引価格の配分時の独立販売価格として利用可能か否かを分析する必要があります。

ここ注意！

　独立販売価格が容易に入手できない場合でも，観察可能な情報を最大限利用して独立販売価格を見積る必要があります。
　実務的には契約金額を独立販売価格として利用できるかの検討が行われることが考えられますが，そのような場合でも契約金額がどのように見積られているか分析し，当該分析に基づき取引価格の各履行義務単位への配分方法を確立する必要があります。

2．値引きの配分

　契約における約束した財またはサービスの独立販売価格の合計額が当該契約の取引価格を超える場合には，契約における財またはサービスの束について顧客に値引きを行っているものとして，当該値引きについて，契約におけるすべての履行義務に対して比例的に配分する（新収益認識会計基準70）とありますが，以下の要件のすべてを満たす場合には契約における履行義務のうち1つまたは複数（ただし，すべてではない）に値引きを配分します（新収益認識会計基準71）。

(1)　契約における別個の財又はサービス（あるいは別個の財又はサービスの束）のそれぞれを，通常は単独で販売していること
(2)　当該別個の財又はサービスのうちの一部を束にしたものについても，通常はそれぞれの束における財又はサービスの独立販売価格から値引きして販売していること
(3)　上記(2)における財又はサービスの束のそれぞれに対する値引きが，当該契約の値引きとほぼ同額であり，それぞれの束に含まれる財又はサービスを評価することにより，当該契約の値引き全体がどの履行義務に対するものかについて観察可能な証拠があること

3．変動対価の配分

　以下の要件のいずれも満たす場合には，変動対価およびその事後的な変動のすべてを，1つの履行義務または単一の履行義務に含まれる一連の財またはサービスに配分します（新収益認識会計基準72）

(1)　変動性のある支払の条件が，当該履行義務を充足するための活動や当該別個の財又はサービスを移転するための活動（あるいは当該履行義務の充足による特定の結果又は当該別個の財又はサービスの移転による特定の結果）に個別に関連していること
(2)　契約における履行義務及び支払条件のすべてを考慮した場合，変動対価の額のすべてを当該履行義務あるいは当該別個の財又はサービスに配分することが，企業が権利を得ると見込む対価の額を描写すること

Q6-6 履行義務の充足による収益の認識（ステップ5）に関する留意事項

Q 収益認識のステップ5である「履行義務の充足による収益の認識」に関する論点を教えてください。ソフトウェア産業において新収益認識会計基準を適用するうえで留意すべき事項を教えてください。

A 企業が約束した財またはサービスの顧客への移転パターンにより履行義務が「一時点で充足」されるか「一定期間にわたり充足」されるかを判定する必要があります。「一定期間にわたり履行義務が充足」される場合には，進捗度をいかに見積るかが論点となります。ソフトウェア産業においては，システム開発契約やライセンス販売に関して，履行義務の充足パターンの把握や進捗度の見積りパターンの把握の仕組みの構築について留意が必要となります。

解説

　ステップ5で，履行義務が配分された取引価格について当該履行義務の充足により収益を認識します。企業は約束した財またはサービスを顧客に移転することによって，履行義務を充足した時，または充足するにつれて，取引価格のうち当該履行義務に配分した額について収益を認識します。企業は，ステップ2において識別したそれぞれの履行義務について，契約開始時点において，履行義務が一定の期間にわたって充足されるものであるかまたは一定時点で充足されるものかを検討します。基準における一定の期間にわたり充足される履行義務の要件等に該当するものは履行義務を充足するにつれて収益を認識し，該当しない場合には一時点で収益を認識します。

1．一定期間に充足される履行義務

　以下のいずれかの要件を満たす場合に，資産に対する支配が顧客に一定の期間にわたり移転することにより，一定の期間にわたり履行義務を充足し収益を認識します（新収益認識会計基準38）。

---

(1)　企業が顧客との契約における義務を履行するにつれて，顧客が便益を享受す
　　ること
(2)　企業が顧客との契約における義務を履行することにより，資産が生じる又は
　　資産の価値が増加し，当該資産が生じる又は当該資産の価値が増加するにつれて，
　　顧客が当該資産を支配すること
(3)　次の要件のいずれも満たすこと
　　①　企業が顧客との契約における義務を履行することにより，別の用途に転用
　　　することができない資産が生じること
　　②　企業が顧客との契約における義務の履行を完了した部分について，対価を
　　　収受する強制力のある権利を有していること

　また，一定の期間にわたり充足される履行義務については，履行義務の充足
に係る進捗度を見積り，当該進捗度に基づき収益を一定の期間にわたり認識し
ます（新収益認識会計基準41）。その場合，以下のような方法のうち単一の方
法で履行義務の充足に係る進捗度を見積り，類似の履行義務および状況に首尾
一貫した方法を適用する（新収益認識会計基準42）とともに，それを毎期見直
す必要があります（新収益認識会計基準43，新収益認識適用指針17，20）。

---

(1)　現在までに移転した財又はサービスの顧客にとっての価値を直接的に見積る
　　方法（アウトプット法）
(2)　履行義務の充足に使用されたインプットと契約における取引開始日から履行
　　義務を完全に充足するまでに予想されるインプット合計に占める割合に基づき
　　見積る方法（インプット法）

　上記の方法により進捗度を合理的に見積ることができない場合で，発生費用
の回収が見込まれる場合には，進捗度の合理的な見積りが可能になるまで，回
収が見込まれる費用の額で収益を認識する原価回収基準（新収益認識会計基準
15）により処理します（新収益認識会計基準45）。

　ソフトウェア産業では，全体のプロジェクト管理を伴うソフトウェアの開発
を請け負うケースがみられますが，当該契約について履行義務が一定期間に充
足されると判断された場合には，進捗度を見積ったうえで一定期間にわたり収
益を認識することに留意が必要です。また，類似の履行義務については，それ
を首尾一貫して適用する必要があります。

> **ここ注意！**
>
> 　一定期間に充足する履行義務と判断された場合には，類似の履行義務や状況について首尾一貫した方法で進捗度を見積り，それに基づき収益を認識する必要があることに留意が必要です。
> 　実務的には，ソフトウェア開発が一定期間にわたり充足される履行義務に該当するかどうかを判断する仕組みや，進捗度の見積方法を定め，類似の履行義務および類似の状況に首尾一貫して適用するように仕組みを整える必要があります。

　なお，契約の初期段階において履行義務の充足に係る進捗度を合理的に見積ることができない場合には，当該契約の初期段階に収益を認識せず当該進捗度を合理的に見積ることができる時から収益を認識することができる代替的な取扱いが設けられています（新収益認識適用指針99，**Q6-7**の解説4参照）。

2．一時点で充足される履行義務

　履行義務が一定の期間にわたり充足されるものではない場合には，一時点で充足される履行義務として，資産に対する支配を顧客に移転することにより当該履行義務が充足される時に，収益を認識します。以下を考慮して，資産に対する支配を顧客に移転した時点を決定します（新収益認識会計基準39，40）。

> (1)　企業が顧客に提供した資産に関する対価を収受する現在の権利を有していること
> (2)　顧客が資産に対する法的所有権を有していること
> (3)　企業が資産の物理的占有を移転したこと
> (4)　顧客が資産の所有に伴う重大なリスクを負い，経済価値を享受していること
> (5)　顧客が資産を検収したこと

　ソフトウェア産業においては，不特定多数のユーザーにライセンス販売が行われるケースがみられますが，ライセンス契約に関しては，ライセンスの性質や期限により履行義務の充足パターンが異なると考えられることに留意が必要です。

Q6-7 重要性に関する代替的な取扱い

Q	収益の認識，測定方法に関して重要性が乏しい場合に認められる代替的な取扱いに関して，概要と適用上の留意点を教えてください。
A	財務諸表間の比較可能性を大きく損なわせない範囲で，我が国でこれまでに行われてきた実務慣行に配慮した取扱いが定められている項目があります。 重要性等に関して数値基準は定められていないため，会社の規模等に応じて定量的・定性的な観点から重要性の判断を行い，適用を判断することになることに留意が必要です。

解　説

　これまで我が国で行われてきた実務等に配慮し，IFRS第15号における取扱いとは別に，財務諸表間の比較可能性を大きく損なわせない範囲で，重要性等に関する代替的な取扱いを定めています。ソフトウェア取引に関しても，特にベンダーに関する会計処理として，これまで実務対応報告第17号「ソフトウェア取引の収益の会計処理に関する実務上の取扱い」に基づく会計処理が行われてきたように，我が国固有の実務が存在します。以下で，特にソフトウェア取引に関連する項目について，代替的な取扱いを整理しています。

　ただし，いずれも重要性等について数値基準は定められていないため，このような代替的な取扱いに関しては会社の規模等に応じて定量的・定性的な観点から重要性の判断を行い，適用を判断することになることに留意が必要です。

ここ注意！

　重要性が乏しいことによる代替的な取扱いに関しては，重要性等についての数値基準は定められていないため，会社の規模等に応じて定量的・定性的な観点から判断を行い，適用の判定をする必要があります。

1．契約変更に関する代替的な取扱い

　契約変更による財またはサービスの追加が既存の契約内容に照らして重要性が乏しい場合，当該契約を独立した契約として処理する方法（新収益認識会計基準30），既存の契約を解約して新しい契約を締結したものとして処理する方法（新収益認識会計基準31(1)）と，既存の契約の一部として処理する方法（新収益認識会計基準31(2)）の，いずれも認められます（新収益認識適用指針92）。

2．履行義務の識別に関する代替的な取扱い

　約束した財またはサービスが，顧客との契約の観点で重要性が乏しい場合，当該約束が履行義務であるのかについて評価しないことができます（新収益認識適用指針93）。

　また，顧客による商品・製品の支配獲得後に行う出荷および配送活動は，履行義務として識別しないことができます（新収益認識適用指針94）。

　ソフトウェア産業においては，インストール作業を伴うライセンス販売を行う場合がありますが，当該インストール作業について重要性が乏しい場合には当該約束が履行義務であるかどうかを評価せず，ライセンスの販売を履行義務として取り扱うことが考えられます。

3．期間がごく短い工事契約および受注制作のソフトウェアに関する代替的な取扱い

　工事契約および受注制作のソフトウェアについて，契約における取引開始日から完全に履行義務を充足すると見込まれる時点までの期間がごく短い場合には，一定の期間にわたり収益を認識せず，完全に履行義務を充足した時点で収益を認識することができます（新収益認識適用指針95, 96）。

4．契約初期段階における原価回収基準に関する代替的な取扱い

　新収益認識会計基準第45項の原価回収基準の定めにかかわらず，一定の期間にわたり充足される履行義務について，契約の初期段階において，履行義務の充足に係る進捗度を合理的に見積ることができない場合には，当該契約の初期段階に収益を認識せず，当該進捗度を合理的に見積ることができる時から収益

を認識することができます（新収益認識適用指針99）。

　契約の初期段階においては，発生費用の額に重要性が乏しいと考えられ，回収が見込まれる費用の額で収益を認識しないとしても比較可能性を大きく損なわないものと考えられるため，当該取扱いが認められています（新収益認識適用指針172）。

5．履行義務の取引価格への配分に関する代替的な取扱い

　履行義務の基礎となる財またはサービスの独立販売価格を直接観察できない場合で，当該財またはサービスが，契約における他の財またはサービスに付随的なものであり，重要性が乏しいと認められるときには，当該財またはサービスの独立販売価格の見積方法として，残余アプローチを使用することができます（新収益認識適用指針100）。

　財またはサービスが契約における他の財またはサービスに対して付随的であり，重要性に乏しければ，残余アプローチを使用しても比較可能性を大きく損ねないと考えられるため，当該取扱いが認められています（新収益認識適用指針173）。

6．契約に基づく収益認識の単位および取引価格の配分に関する代替的な取扱い

　以下の(1)および(2)のいずれも満たす場合には，複数の契約を結合せず，個々の契約の財またはサービスの内容を履行義務とみなし，個々の契約において定められている当該財またはサービスの金額に従って収益を認識することができます（新収益認識適用指針101）。

---

(1)　顧客との個々の契約が当事者間で合意された取引の実態を反映する実質的な取引の単位であると認められること
(2)　顧客との個々の契約における財又はサービスの金額が合理的に定められていることにより，当該金額が独立販売価格と著しく異ならないと認められること

7．工事契約および受注制作のソフトウェアの収益認識の単位に関する 代替的な取扱い

　原則的な方法との差異の重要性が乏しい場合には，複数の契約（異なる顧客と締結した複数の契約や異なる時点に締結した複数の契約を含みます）を結合し，単一の履行義務として識別することができます（新収益認識適用指針102, 103）。

Q6-8 受注損失の取扱い

Q	受注制作のソフトウェアについて，受注契約等から損失が見込まれる場合の取扱いを教えてください。
A	受注制作のソフトウェアについて，ソフトウェアの制作原価がソフトウェアによる収益総額を超過する可能性が高く，かつその金額を合理的に見積ることができる場合には，その超過すると見込まれる額のうち，当該契約に関してすでに計上された損益の額を控除した残額を，損失が見込まれた期の損失として処理し，引当金を計上することとされています。この点は，従来の工事契約会計基準における工事損失引当金の定めを踏襲しています。

解　説

　工事契約について，工事原価総額等（工事原価総額のほか，販売直接経費がある場合にはその見積額を含めた額）が工事収益総額を超過する可能性が高く，かつ，その金額を合理的に見積ることができる場合には，その超過すると見込まれる額（以下「工事損失」といいます）のうち，当該工事契約に関してすでに計上された損益の額を控除した残額を，工事損失が見込まれた期の損失として処理し，工事損失引当金を計上する（新収益認識適用指針90）とされており，受注制作のソフトウェアに関しても，工事契約に準じて当該定めを適用することとされています（新収益認識適用指針91）。

　現状では，包括的な引当金に関する会計基準が定められていないことから，

新収益認識会計基準が顧客との契約から生じる収益認識を取り扱っていること
を踏まえ，顧客との契約から損失が見込まれる場合の取扱いについても適用指
針に定められています。その取扱いは，工事契約会計基準における工事損失引
当金の定めを踏襲しており，同一の工事契約に関する棚卸資産と工事損失引当
金がともに計上されることとなる場合には，貸借対照表の表示上，相殺して表
示することができるという開示に関する定めも踏襲しています（新収益認識適
用指針106）。

Q6-9　複合取引の会計処理

Q	ソフトウェアの販売，ハードウェアの販売および据え付け，セットアップ取引を１つの契約書で締結した場合を例に，収益認識の５ステップを具体的に判定する流れを教えてください。
A	基準の基本となる原則は，約束した財またはサービスの顧客への移転を，当該財またはサービスと交換に企業が権利を得ると見込む対価の額で描写するように収益認識を行うことであり，そのために基準の５ステップを適用します。

解 説

　前述のとおり，新収益認識会計基準の基本となる原則は，約束した財または
サービスの顧客への移転を，当該財またはサービスと交換に企業が権利を得る
と見込む対価の額で描写するように，収益認識を行うことであり，そのために
新収益認識会計基準の５ステップを適用します（新収益認識会計基準16，17）。
　設例を用いて，５ステップへの実際の当てはめを行います。

> **設例6−1** **複合取引における収益認識の5ステップへの当てはめ**

(前提条件)

- ハードウェアの販売，ソフトウェアの販売，据付サービス，運用保守サービスが1つの契約書により締結されている。
- それぞれの財またはサービスは単独でも販売されており，ソフトウェア・ハードウェアのカスタマイズはせず顧客に納入する。顧客は多くの選択肢の中から，最適なソフトウェアとハードウェアの組み合わせを選択することができる。
- 契約書上の価格は財またはサービスの合計金額で記載され，金額は1,000である。また，財またはサービスごとに独立販売価格が以下のとおりに観察できる。

契約内容	価格	納期	独立販売価格
ソフトウェア販売	1,000	X1年4月20日	400
ハードウェア販売		X1年4月30日	300
据付サービス		X1年5月31日	200
運用保守サービス		X1年6月1日 〜X2年5月31日	100

- 保守サービス期間は2年である。

(収益認識の5ステップへの当てはめ)

　ステップ1で，1つの契約書において取引契約が締結されていることから，1つの契約として識別されます。

　ステップ2で，顧客がそれぞれのサービスから便益を享受できる場合には，別個の履行義務となります。ここではソフトウェア販売，ハードウェア販売，据付サービス，運用保守サービスがそれぞれ別個の履行義務となります。

　ステップ3で，契約書の金額に基づき取引価格が算定されます。

　ステップ4で，独立販売価格の比率に基づいて取引価格を配分します。

　ステップ5で，それぞれの履行義務について履行義務が充足される時点で収益を認識します。

　上記の手順をフローチャートで図解したのが，図表6−2です。

図表6-2　収益認識の5ステップ

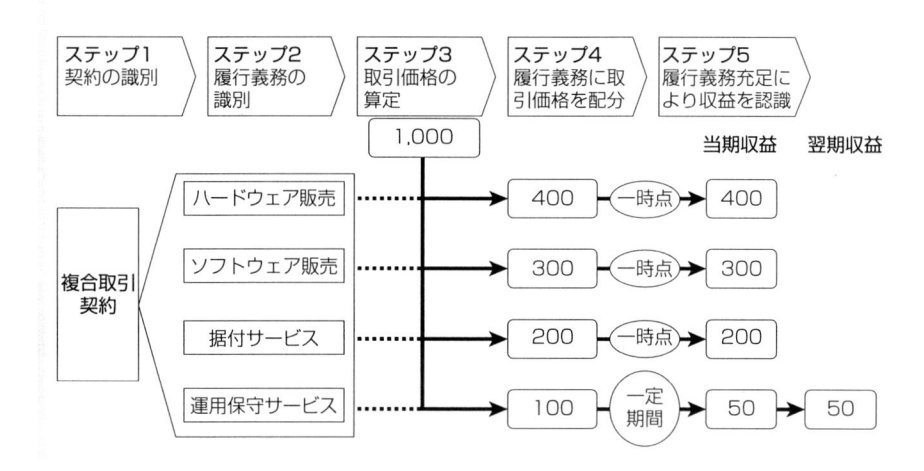

Q6-10　契約変更の会計処理

Q	ソフトウェア開発契約について，契約変更があった場合に当該契約変更部分を別個の契約として取り扱うべきかについて教えてください。
A	契約変更に伴い，契約金額が増額されたり，仕様の変更がある場合には，当該変更が契約の変更に該当するかを検討します。別個の財またはサービスの追加により，契約の範囲が拡大されること，変更される契約の価格が，追加的に約束した財またはサービスに対する独立販売価格に特定の契約の状況に基づく適切な調整を加えた金額分だけ増額される場合には，別個の契約として処理することが求められます。

解　説

　契約変更については，独立した契約として処理するかの判断を行います。契約変更が独立した契約として処理するための要件を満たさず，独立した契約として処理されない場合には，契約変更日において未だ移転していないサービス

について，未だ移転していない財またはサービスが契約変更日以前に移転した財またはサービスと別個のものであるか否か，あるいはそれらの組み合わせであるかに応じて会計処理を行います（新収益認識会計基準31）。

　なお，約束した財またはサービスが，顧客との契約の観点で重要性に乏しい場合には，当該約束が履行義務であるのかについて評価しないことができるという代替的な取扱いが定められています（新収益認識適用指針93）。

　このような判定の仕組みをフローチャートで示したものが図表6‑3です。

図表6‑3　契約変更の会計処理判定フロー

```
┌─────────────────────┐
│ 契約の当事者が変更契約を承認し │ ──No──→ ┌──────────────────┐
│ ている                      │         │ 既存の会計処理を継続      │
└─────────────────────┘         └──────────────────┘
         │ Yes
┌─────────────────────┐
│ 変更された契約の範囲に対応する │ ──No──→ ┌──────────────────┐
│ 価格の変更を決定している      │         │ 変動価格を見積り一定の要件を満 │
└─────────────────────┘         │ たす額を取引価格に含める      │
         │ Yes                          └──────────────────┘
┌─────────────────────┐
│ 以下のいずれも満たすか          │
│ ● 別個の財またはサービスの追加 │
│   により契約の範囲が拡大する   │
│ ● 変更される契約の価格が，追加 │ ──Yes──→ ┌──────────────────┐
│   的に約束した財またはサービス │          │ 別個の独立した契約として処理する │
│   に対する独立販売価格に特定の │          └──────────────────┘
│   契約の状況に基づく適切な調整 │
│   を加えた分だけ増額される     │
└─────────────────────┘
         │ No
┌─────────────────────┐
│ 未だ移転していない財またはサー │ ──Yes──→ ┌──────────────────┐
│ ビスが契約変更日以前に移転した │          │ (1) 契約変更を既存の契約を解除し │
│ 財またはサービスと別個のもので │          │   て新しい契約を締結したものとし │
│ ある                        │          │   て処理               │
└─────────────────────┘          └──────────────────┘
         │ No
┌─────────────────────┐          ┌──────────────────┐
│ (2) 契約変更を既存の契約の一部 │          │ (3) 未だ移転していない財またはサービ │
│   と仮定して処理する。        │          │   スが(1)と(2)の両方を含む場合には，契 │
└─────────────────────┘          │   約変更は変更後の契約における未履行 │
                                           │   の履行義務に与える影響を，それぞれ， │
                                           │   (1)または(2)の方法に基づき処理する │
                                           └──────────────────┘

┌──────────────────────────────────────────┐
│ 重要性が乏しい場合の代替的処理が定められている                    │
└──────────────────────────────────────────┘
```

設例6-2　契約変更が別個の独立した契約として処理されないケース

前提条件

- 当社は顧客仕様のソフトウェア開発を行っており，当初要件定義からテストに至るまで仕様を取り決めた契約を締結していたが，プロジェクトの中途に，当初契約で取り決めていた仕様から，さらに高機能な仕様に変更するために当初契約の取引価格および請負作業の内容を変更する変更契約を締結している。
- 「要件定義」，「基本設計」，「詳細設計」，「開発」，「テスト」を合わせて単一の履行義務と判定されている。また，履行義務は進捗率に応じて一定期間にわたり充足する。
- 当該追加の契約変更によって，当初の契約の取引価格が変更されている。また，請負作業の範囲も変更されており，契約変更日までに提供したサービスの変更も含んでいる。
- 契約変更の内容は，当初の契約を締結した時点で想定していない内容の仕様変更である。

契約変更の会計処理

　仕様変更に関しては，契約変更に従い，独立した契約として処理するかの判断を行います。一般的に，仕様変更は新収益認識会計基準第30項の別個の財またはサービスに該当しないケースが多いと考えられます。その場合，本設例における仕様の変更は，契約変更日までに提供した財またはサービスの修正を含むため，契約変更を既存の契約の一部であるかのように会計処理する必要があります。これにより，履行義務の進捗度および取引価格が変更される場合には，契約変更日において収益の額を累積的な影響により修正します（新収益認識会計基準31(2)）。

設例6-3　契約変更が別個の契約として処理されるケース

前提条件

- ソフトウェア開発に関する契約を締結していたが，その後，ソフトウェアの安定稼働をサポートする5年間の運用保守サービスを追加する契約の変更を行う取引を行った。
- 「要件定義」，「基本設計」，「詳細設計」，「開発」，「テスト」を合わせて単一の履行義務と判定されている。また，履行義務は進捗率に応じて一定期間にわたり充

足する。

- 追加の保守運用サービスは単独で提供できるオプションサービスであり，当該サービスの追加により契約売価が増額される。当該増加額は独立販売価格と同額である。

（契約変更の会計処理）

　運用保守サービスという別個のサービスの追加により，契約の範囲が拡大し，かつ，独立販売価格に見合う分の契約額の増額があるため，当該契約の追加は別個の契約として取り扱います。

Q6-11 受注制作のソフトウェアに関する履行義務の識別

Q	顧客仕様のソフトウェアの受注制作において，ソフトウェアの開発に関する契約が複数の工程に区分されている場合の履行義務の識別において，各工程ごとに単一の履行義務として取り扱うべきか，あるいは別個の履行義務として取り扱うべきかを教えてください。
A	以下の両方の観点から別個であると認められた場合には，各工程ごとに別個の履行義務として，収益認識が行われます。 ・顧客が当該契約から単独で便益を受けられたり，その財またはサービスと容易に利用可能な他の資源を組み合わせて便益を享受できるか（顧客が得られる便益の観点） ・財またはサービスを顧客に移転する約束が契約に含まれる他の約束と区分して識別できるか（契約の観点）

解 説

　受注制作のソフトウェアにおいては，通常下記のように1つのプロジェクトを複数の工程あるいはフェーズに分割し，それぞれについて顧客と契約内容（仕様，価格，納期等）について合意が行われることがあります。このような場合，プロジェクト全体について基本契約を締結し，各工程ごとに個別契約を

締結するケースや，工程別に契約書を締結するケースなどさまざまな契約パターンが考えられます。

　したがって，履行義務の識別に関する論点の前に，まずステップ1として契約の識別が論点となります。

　履行義務の識別については，識別された契約に含まれる財またはサービスにおいて行われるため，工程別に契約書の締結が行われた場合には，工程別の契約書の金額が他工程の契約書により影響を受け，かつ，それらが「ほぼ同時」に締結される，という固有の事情がない限り，契約の結合は行わず，それぞれの契約書に基づき契約の識別が行われると考えられます。その結果，履行義務の識別の問題になりません。

　一方で，複数の工程が1つの契約書により締結されているような場合には，各工程ごとの財やサービスの提供が単一の履行義務となるか，別個の履行義務になるかについて判定が必要です。

　履行義務の識別については，Q6-3の「履行義務の識別」にあるとおり，個々の財またはサービスから顧客が便益を享受できるかという顧客の便益からの観点と，契約上の観点の双方を考える必要があります。

　以下では，前提条件を設けた上で，契約条件が異なる複数のケースについて履行義務の識別をいかに行うかを検討します。

設例6-4　プロジェクト全体を単一の履行義務として識別するケース

（前提条件）

- プロジェクトの工程は下表のとおり，工程別に「要件定義」，「基本設計」，「詳細設計・開発」，「テスト」に分かれており，各工程終了後に中間検収が行われるものの，ベンダーが工程全体の管理と最終的な成果物に全体的な責任を負っている。

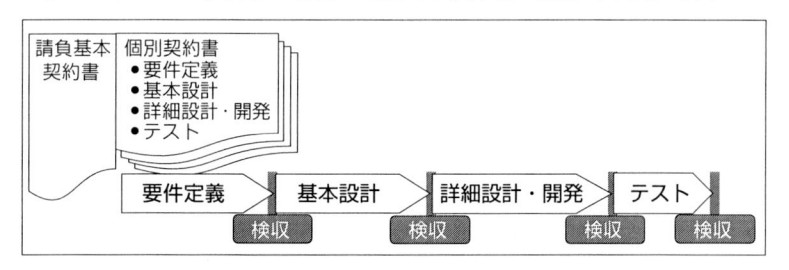

- 基本契約書で上記のプロジェクトを同一の顧客に対し提供することが明示されている。
- 基本契約の締結に加え，工程ごとの対価，成果物，納期が定められた個別契約を締結するが，当該契約は全工程に対してほぼ同時期に締結する。
- 各工程だけを単独で受注することはない。
- 顧客仕様に大幅な変更が行われている。

履行義務の識別

　本設例においては，最終成果物をシステム一式として納品することが義務であり，各工程だけで単独で受注が行われないことから，当該財またはサービスから単独で顧客が便益を享受することができるとはいえず，また，成果物が顧客仕様に大幅に変更されることから，当該財またはサービスと顧客が容易に利用できる他の資源を組み合わせて顧客が便益を享受することができるという要件（新収益認識会計基準34(1)）も満たさないと考えられます。

　また，成果物が顧客仕様に大幅に変更されたものであり，工程ごとに仕様・納期・価格を定めて中間検収を行う目的が，仕様を明確にし手戻りの発生を防止する等の顧客とのプロジェクト管理目的にすぎないのであれば，契約の観点（新収益認識会計基準34(2)）から見ても別個の履行義務とはいえないものと考えられます。

　したがって，中間成果物の検収とは関係なく，全工程のサブ契約を結合し，一連のソフトウェア開発を単一の履行義務と捉え，新収益認識会計基準第38項に従い一定の期間にわたり充足される履行義務に該当する場合には，合理的に測定された進捗度に応じて収益が計上されるものと考えられます。

設例6-5　工程ごとに別個の履行義務として識別するケース

前提条件

- プロジェクトの工程は下表のとおり，工程別に「要件定義」，「基本設計」，「詳細設計・開発」，「テスト」に分かれており，それぞれの作業工程が開始する前に個別に契約を締結する。ベンダーは契約ごとに顧客と約束した義務を果たせばよく，システム開発全体の管理や調整，各工程間を統合するサービスは他社が行っている。

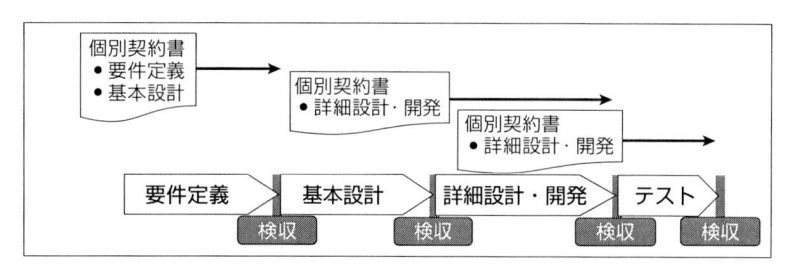

- 契約はすべての工程分を同時締結するのではなく，前工程の作業が進み次工程の作業内容が見えてきた段階で締結される。複数の工程の対価・金額・納期等を1つの契約書で定める場合がある。
- 各工程単独での受注をすることがある。
- 顧客仕様の大幅な変更は行われない。
- 前工程の遅延が後工程にほとんど影響を与えない。
- 請負契約のみでなく委任契約の形で契約を締結する場合がある。

履行義務の識別

　企業がある財またはサービスを通常は独立に販売しているという事実は，顧客が財またはサービスからの便益をそれ単独で，または顧客にとって容易に利用可能な他の資源と組み合わせて得ることができることを示唆すると考えられます。本設例においては，ベンダーが各工程の受注を単独で行うことがあることから，顧客が各工程ごとの成果物を，他のサービスと組み合わせることにより便益を受けられると考えられます。

　また，開発全体におけるプロジェクトマネジメントや，作業を外注した場合の工程をまたがる外注管理など，重大な統合サービスを行っていないこと，顧客仕様の大幅なカスタマイズではないこと，次工程の作業の結果，前工程の作業の手戻りが発生するような場合などの相互依存性がないことから，契約の観点からも別個の履行義務であると考えられます。

　したがって，初期の契約における「要件定義」および「基本設計」はそれぞれを別個の履行義務と捉え，新収益認識会計基準第38項に従い一定の期間にわたり充足される履行義務に該当する場合には，合理的に測定された進捗度に応じて収益が計上されるものと考えられます。

Q6-12 長期のソフトウェア開発を行う場合の会計処理

Q	ソフトウェアの開発契約について，履行義務の充足に応じて一定期間にわたり収益を認識する場合の具体的な方法を教えてください。
A	ソフトウェア開発契約全体として1つの履行義務であると判定され，それが一定期間にわたり充足される履行義務に該当する場合には，合理的に測定された進捗度に応じて収益が計上されるものと考えられます。

解 説

　ソフトウェア開発業務について，1つの履行義務として判定され，当該履行義務が一定期間にわたり充足される履行義務である場合には，合理的に測定された進捗度に応じて収益が計上されるものと考えられます（**Q6-6**参照）。

　履行義務の進捗度の測定方法に関しては，基準ではアウトプット法とインプット法が示されており，一定の期間にわたり充足される履行義務については，単一の方法で履行義務の充足に係る進捗度を見積り，類似の履行義務および状況に首尾一貫した方法を適用することとされています。

　アウトプット法とインプット法の概要は図表6-4のとおりです（新収益認識適用指針17，19，20，123，125）。

図表6-4　アウトプット法とインプット法

	アウトプット法	インプット法
方法	• 現在までに移転した財またはサービスの顧客にとっての価値を直接的に見積るもの • 現在までに移転した財またはサービスと契約において約束した残りの財またはサービスとの比率に基づき，収益を認識する	• 履行義務の充足に使用されたインプットが契約における取引開始時から履行義務を完全に充足するまでに予想されるインプット合計に占める割合に基づき，収益を認識する

測定指標の例示	・現在までに履行を完了した部分の調査 ・達成した成果の評価 ・達成したマイルストーン ・経過期間 ・生産単位数 ・引渡単位数	・消費した資源 ・発生した労働時間 ・発生したコスト ・経過期間 ・機械使用時間
長所	・提供したサービスの時間に基づき固定額を請求する契約等，現在までに履行が完了した部分に対する顧客にとっての価値に直接対応する対価の額を顧客から受ける権利を有している場合には，請求する権利を有している金額で収益を認識することができる。	・測定コストが低い
短所	・直接的に観察可能でない場合があり，適用に必要とされる情報が過大なコストを掛けないと利用可能でない場合がある。	・インプットと財またはサービスに対する支配の顧客への移転との間に直接的な関係がない。

　信頼性のある情報が不足している場合，進捗度を合理的に測定できないことになります。進捗度を合理的に測定できる場合にのみ収益を認識しなければならないため，進捗度を合理的に測定できない場合には収益は計上できないと考えられます。ただし，履行義務の充足において発生するコストの回収を見込んでいる場合には，履行義務の結果を合理的に測定できるようになるまで，発生したコストの範囲でのみ収益を認識しなければなりません（新収益認識会計基準45）。

　なお，期間がごく短い工事契約および受注制作のソフトウェア，契約初期段階における原価回収基準の適用に関しては代替的な取扱いが定められています（新収益認識適用指針95，99）。

設例 6-6 **ソフトウェア開発が一定期間にわたり充足される履行義務に該当するケース**

（前提条件）

- 当社は顧客仕様のソフトウェア開発を行っており，要件定義からテストに至るまでの工程のシステム開発受託契約を締結している。顧客が契約を解約した場合には，顧客はそれまでに完了した作業について企業へその対価を支払う義務を負うことが定められている。

- ソフトウェア開発は「要件定義」，「基本設計」，「詳細設計」，「開発および単体テスト」，「結合テスト」，「総合テスト」の工程からなり，全体のプロジェクト進行をプロジェクトマネジメントによって統合的に管理している。

- 顧客仕様に大幅な変更が行われている。

- ソフトウェア開発を完了することが義務であり，個々のサブ契約は仕様を明確に固め手戻りの発生を防止するために工程を分割しているにすぎないため，単一の履行義務であると判断された。

- 契約の初期の段階から現時点まで履行義務充足のために予想される総コストを合理的に見積ることができる。

（履行義務の充足時点と見積り）

　本設例においては，ソフトウェア開発の成果物については顧客仕様のものであることから，別の顧客に転用することはできず，また，顧客が契約を解約した場合には，顧客はそれまでに完了した作業について企業へその対価を支払う義務を負うことが定められているため，新収益認識会計基準第38項(3)①②の要件を満たすと考えられます。したがって，一連のソフトウェア開発を一定期間にわたり充足される履行義務と捉え，合理的に測定された進捗度に応じて収益が計上されるものと考えられます。

　また，総原価を見積ることができることから，インプット法により進捗度を見積ることが考えられます。

＜仕訳＞

（借）売　掛　金	×××　（貸）売　上　高	×××
（契約資産）	（進捗に応じて計上）	

Q6-13 準委任契約・派遣契約によりソフトウェア開発を行う場合の会計処理

Q	受注制作のソフトウェア開発において，準委任契約や派遣契約によった場合の会計処理について教えてください。
A	成果物の完成義務がなく，瑕疵担保責任を負わない準委任契約または派遣契約に基づき，システム開発を受託する取引を行っている場合には，取引義務の充足に応じて一定期間にわたり収益を認識します。

解　説

　請負契約が成果物の納品に対して義務を負うのに対し，準委任契約や派遣契約の場合には契約に定められた作業を提供する義務しか負っていない点で相違があります。

　したがって，準委任契約の場合，ソフトウェアの納品義務および瑕疵担保責任は負っていないものの，一定期間内に定められた工数の作業を行う義務を負っているため，工数の提供に応じて，顧客がシステムに係る作業に対する便益を享受しており，既提供の作業時間についての請求権を有しています。そのため，企業が顧客との契約における義務を履行するにつれて顧客が便益を享受できると考えられる（新収益認識会計基準38(1)）ため，一定期間にわたり充足される履行義務と判断されます。

　契約形態ごとの相違点は以下の表のようになります。

契約形態	受託者の義務	瑕疵担保責任	指揮命令
請負契約	成果物の納品	あり	ベンダー
準委任契約	作業提供	なし	ベンダー
SES契約	作業提供	なし	ユーザー
派遣契約	作業提供	なし	ユーザー

　派遣契約の場合も，システム自体の開発を請け負っておらず，納品義務もなく，瑕疵担保責任も負っていないことから，顧客による指示・監督のもとで実施する毎日の作業が履行義務と考えられます。そのため，顧客の監督担当者に

よって作業内容，作業時間の確認が行われた時点で当社の履行義務は充足していると考えられます。

設例6-7　準委任契約のもとでの履行義務の充足

前提条件

- 当社は成果物の完成義務がなく，瑕疵担保責任を負わない準委任契約に基づき，システム開発を受託する取引を行っており，ソフトウェア開発業務の基本設計部分を担っている。
- 契約期間は月100時間，6か月で600時間の作業を行うことを想定している。
- 当社はプロジェクトの管理責任を負っていない。
- 顧客による検収は6か月後に行われ，契約期間の途中で解約が生じた場合も，すでに実施された作業に対する請求権を有する。
- 当社で契約履行に係る総コストを見積ることができる。

履行義務の充足

　本設例では，ソフトウェアの納品義務および瑕疵担保責任は負っていないものの，6か月間で600時間の作業を行う義務を負っています。また，当社の履行義務は，600時間の作業を完了させることにありますが，作業の提供に応じて顧客はシステムに係る作業に対する便益を享受しており，当社はすでに提供した作業時間についての請求権を有しているため，当取引は，6か月間（一定期間）にわたり充足される履行義務と判断されます。

Q6-14 ｜ パブリッククラウドサービスの会計処理

Q	インターネット等ブロードバンド回線を経由して，データセンターに蓄積されたコンピュータ資源を役務（サービス）として顧客に対し遠隔地から提供する取引の収益認識時点を教えてください。
A	パブリッククラウドについては，1ID単位の使用実績に応じて役務提供として収益を計上することになります。月次で管理を行っている場合には月次で使用実績を集計し収益を計上することになります。

解説

　インターネット等ブロードバンド回線を経由して，データセンターに蓄積されたコンピュータ資源を役務（サービス）として顧客に対し遠隔地から提供する取引，いわゆるパブリッククラウドを行っている場合，一定期間にわたり顧客に対してコンピュータ資源を提供しており，企業が顧客との契約における義務を履行するにつれて顧客が便益を享受できる（新収益認識会計基準38(1)）と考えられるため，一定期間にわたり履行義務が充足されると考えられます。

　月次で利用実績の管理を行っている場合には，月次単位で履行義務の充足を観察できるため，月次の使用実績に基づき収益を計上することになると考えられます。

　なお，クラウドサービスについては図表6-5のような種類分けができますが，顧客がサービスの便益を得られる期間にわたり履行義務を充足するため，クラウドサービスの種類にかかわらず，月次の利用実績等に基づき，収益の認識を行うケースが多いと考えられます。

図表6-5　クラウドサービスの種類

サービスの種類	内　　容
SaaS（Software as a Service）	電子メール，業務ソフトウェアなどのサービスをインターネット経由で提供。ASP（Application Service Provider）もその一種

PaaS（Platform as a Service）	アプリケーションサーバーやデータベースなどアプリケーションを実行するためのプラットフォームをインターネット経由で提供
IaaS（Infrastructure as a Service）	ハードウェアやインフラ機能をインターネット経由で提供

設例 6-8　パブリッククラウドサービスの会計処理

（前提条件）

- 不特定多数の顧客が使用するパブリッククラウドサービスを提供しており，顧客の利用目的は当該クラウドを利用した役務提供である。
- 役務を提供するためのハードウェア，ソフトウェアの更新・バージョンアップ等は当社で行う。
- ハードウェア，ソフトウェアの設置場所に関して顧客では必ずしも認知していない。
- サービスモデルの種類はIaaS（Infrastructure as a Service），PaaS（Platform as a Service），SaaS（Software as a Service）のいずれにも対応している。
- 請求は毎月使用実績を測定し，従量制で課金される（変動対価部分はない）。

（履行義務の充足時点）

　一定の期間にわたり履行義務が充足されますが，月次で使用実績の管理が行われているため，毎月の使用実績に応じて収益を計上します。具体的には1ユーザー（ID）単位の使用実績に応じて役務提供として収益を計上することになります。

Q6-15　パッケージソフトウェア販売の会計処理

Q	自社開発のパッケージソフトウェアを販売する場合と，他社開発のパッケージソフトウェアの販売を行う場合との会計処理の相違点を教えてください。
A	パッケージソフトウェアについては，自社開発・他社開発のいずれの場合でも，ソフトウェアのインストールを行い，動作確認後にユーザーから検収書を入手した段階で履行義務が充足され，収益を計上するものと考えられます。ただし，他社開発パッケージソフトウェアの販売を行う場合には，本人として販売を行うか，第三者のために販売を行うかで，総額表示か純額表示かの検討が必要になります。

解　説

　パッケージソフトウェアの販売については，まず履行義務の充足時点の論点があります。パッケージソフトウェアについては，ソフトウェアのインストールを行い，動作確認後にユーザーから検収書を入手した段階で収益を計上します。また，インストール作業については，それが単純であり重要性がなければ別個の履行義務として識別する必要はないと考えられ，履行義務の充足時点については図表6-6のように整理できます。

図表6-6　　パッケージソフトウェアの販売における履行義務の充足時点

販売形態	履行義務の充足時点	備　　考
店頭販売	店頭で顧客が購入した時（インストール作業が単純である場合）	通常の商品販売と同様に取り扱うことが考えられる。
ベンダーから顧客に発送	到着時（インストール作業が単純である場合）	重要性が乏しい場合の代替的取扱いとして，顧客が商品または製品に対する支配を獲得した後に行う出荷および配送活動について履行義務として識別する必要がないことから，出荷基準も認められると考えられる。

ダウンロード	顧客がダウンロードする権利を購入した時点	―

　また，次の論点として，パートナー契約を締結している企業が代理人として他社ソフトウェアのライセンスを販売する場合等，収益を総額で認識するか純額で認識するかの判定について，新収益認識適用指針第39項から第47項に特定の状況または取引における取扱いとしての定めがあります。

　顧客への財またはサービスの提供に他の当事者が関与している場合において，顧客との約束が当該財またはサービスを企業が自ら提供する履行義務であると判断され，企業が本人に該当するときには，当該財またはサービスの提供と交換に企業が権利を得ると見込む対価の総額を収益として認識します（新収益認識適用指針40）。一方，顧客との約束が当該財またはサービスを当該他の当事者によって提供されるように手配する履行義務であると判断され，企業が代理人に該当するときには，他の当事者により提供されるように手配することと交換に企業が権利を得ると見込む報酬または手数料の金額を収益として認識します（新収益認識適用指針40）。具体的な判定は図表6-7のように図示できます。

図表 6 - 7　　**本人か代理人かの判定**

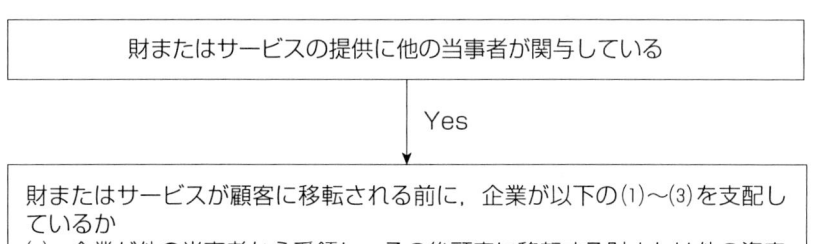

財またはサービスの提供に他の当事者が関与している

Yes

財またはサービスが顧客に移転される前に，企業が以下の(1)〜(3)を支配しているか
(1)　企業が他の当事者から受領し，その後顧客に移転する財または他の資産
(2)　他の当事者が履行するサービスに対する権利
(3)　他の当事者から受領した財またはサービスで，企業が顧客に提供する際に，他の財またはサービスと統合させるもの

Yes

No

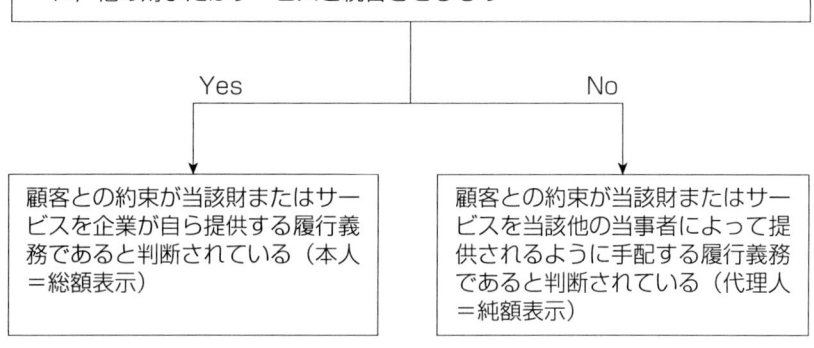

顧客との約束が当該財またはサービスを企業が自ら提供する履行義務であると判断されている（本人＝総額表示）

顧客との約束が当該財またはサービスを当該他の当事者によって提供されるように手配する履行義務であると判断されている（代理人＝純額表示）

設例 6 - 9　**パッケージソフトウェア販売の会計処理**

（**前提条件**）

- 当社は，他の当事者が作成したパッケージソフトウェアを顧客に販売する取引を行っており，当該ソフトウェアのインストール・サービスの提供も行っている。他の当事者はパッケージソフトウェアのアップデートを契約期間にわたり提供するが，当社は，当該アップデートの提供には関与しない。アップデートの際には顧客が他の当事者に直接申し込みを行う必要がある。
- 当社は当該ソフトウェアの在庫リスクを負っていない。
- 顧客への販売価格は開発会社が提示した価格による。
- アフターサービス等に関して，顧客と開発会社サポートデスクとのやり取りへの関与は行わない。
- ソフトウェアのインストール完了時点で顧客はソフトウェアを利用でき，同時に

　当社が対価を受け取る権利を有する。

（会計処理）

　履行義務の充足時点に関しては，顧客にソフトウェアを引き渡しインストール作業が完了した時点で顧客が便益を享受できるようになることから，資産に対する支配が一定期間にわたり移転するとはいえないため，一時点で履行義務が充足する取引であると考えられます。したがって，顧客にソフトウェアを引き渡した時点で収益を計上することになります。

　収益を総額で計上すべきか純額で計上すべきかに関して，本設例においては当社が在庫リスクや価格決定への裁量権を有していないことから，当社は，顧客に対する財またはサービスが開発会社に提供される前に支配していたとはいえず，ソフトウェア開発会社に代わって代理販売を行うだけであると考えられます。

　したがって，当該取引において当社は開発会社の代理人であるとして，販売額を総額で収益計上するのではなく，販売額から仕入額を差し引いた当社の手取り分だけを純額で収益計上することと考えられます。

Q6-16　クラウドサービスを提供する際に初期設定を行う取引の会計処理

Q	クラウドサービスにおいて初期設定費用が発生し，そのため顧客から返金不能な対価を受領した場合の当該初期設定費用とその対価に関する会計処理を教えてください。
A	初期設定費用に関する顧客からの支払が，約束した財またはサービスの移転を生じさせるものか，あるいは将来の財またはサービスの移転に対するものかを判断します。約束した財またはサービスの移転を生じさせるものでない場合には，将来の財またはサービスの移転を生じさせるものとして，当該将来の財またはサービスを提供する時に収益を認識します。

解　説

　初期設定サービスのために顧客から初期設定費用を受領するような場合など，

契約における取引開始日またはその前後に，顧客から返金が不要な支払を受ける場合には，新収益認識適用指針第57項から第60項に特定の状況または取引における取扱いとしての定めがあります。

　すなわち，当該支払が約束した財またはサービスの移転を生じさせるものか，あるいは将来の財またはサービスの移転に対するものであるかにより，履行義務の充足パターンを判断します。具体的な判断過程をフローチャートにすると，図表6-8のようになります。

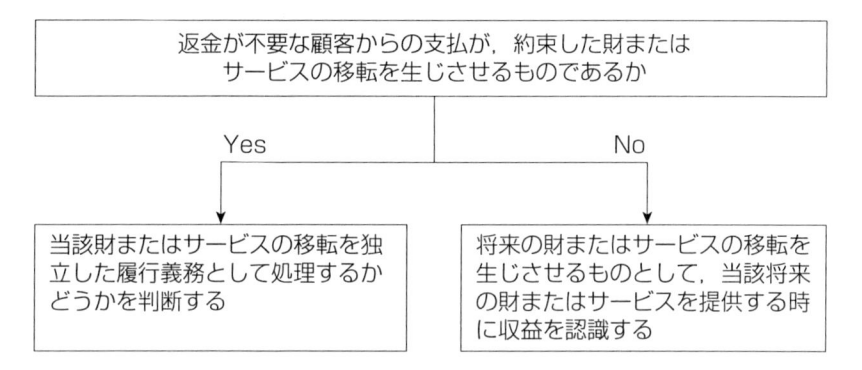

図表6-8　返金不要の顧客からの支払

> 返金が不要な顧客からの支払が，約束した財または
> サービスの移転を生じさせるものであるか

Yes → 当該財またはサービスの移転を独立した履行義務として処理するかどうかを判断する

No → 将来の財またはサービスの移転を生じさせるものとして，当該将来の財またはサービスを提供する時に収益を認識する

　初期設定費用に関して顧客からの支払が約束した財またはサービスの移転を生じさせるものでなければ，将来の財またはサービスの移転を生じさせるものとして，当該将来の財またはサービスを提供する時に収益を認識します（新収益認識適用指針59）。

　初期設定費用に関する顧客からの支払が約束した財またはサービスの移転を生じさせるものである場合には，当該財またはサービスを独立した履行義務として処理するかどうかを判断します（新収益認識適用指針59）。

　なお，契約締結活動または契約管理活動で発生するコストの一部に充当するために，返金不要な支払を顧客に要求する場合で，当該活動が履行義務ではない場合，履行義務の充足に係る進捗度をコストに基づくインプット法により見積るにあたっては，当該活動および関連するコストの影響を除くとされています（新収益認識適用指針60）。

設例 6 -10　クラウドサービスを提供する際に初期設定を行う取引

前提条件

- 当社はクラウドサービスを提供しており，サービススタート時にセットアップ等の初期設定作業を行う取引を行っている。当該初期設定作業は顧客のシステムと接続する技術プラットフォームの設計・構築のための初期作業であり，返金不能の対価を顧客より受け取っている。
- サービス期間は3年としている。
- 初期設定作業は，サービス利用のための作業であるが，顧客へのサービスの移転を生じさせるものではないと判断された。
- 提供されるクラウドサービスに関して，契約更新オプション等は付されていない。

初期費用の対価の認識

　初期設定サービスに対する顧客からの返還不要な対価が約束した財またはサービスの移転を生じさせるものでない場合，将来の財またはサービスの移転を生じさせるものとして，当該将来の財またはサービスを提供する時に収益を認識します。

　本設例においては，返還不要な顧客からの対価は履行義務として識別せず，クラウドサービス提供期間に基づき計上することが考えられます。

Q6-17 ライセンス販売の会計処理

Q	システムインテグレーションを伴うライセンス販売の会計処理について教えてください。
A	ライセンス契約に含まれるライセンス以外の財またはサービスを識別し，当該財またはサービスとライセンスが別個の履行義務に当たるかを判断します。そのうえで別個の履行義務と判断された場合には，ライセンスの性質に基づき履行義務の充足時点が一時点か，一定期間かを判断します。

解　説

　ライセンスについては，新収益認識適用指針第61項から第66項に特定の状況または取引における取扱いとして定めがあります。

　ライセンス契約が他の財またはサービスを移転する約束と別個のものであり，当該約束が独立した履行義務である場合には，ライセンスを顧客に供与する際の企業の約束の性質が「知的財産にアクセスする権利」であるか，「知的財産を使用する権利」であるかにより一定の期間にわたり充足される履行義務なのか，一時点で充足する履行義務なのかを判断することとされています。ここで，ライセンスの性質がいずれに当たるかについて新収益認識適用指針に定めがあり，判断過程をフローチャートに示すと図表6-9のようになります。

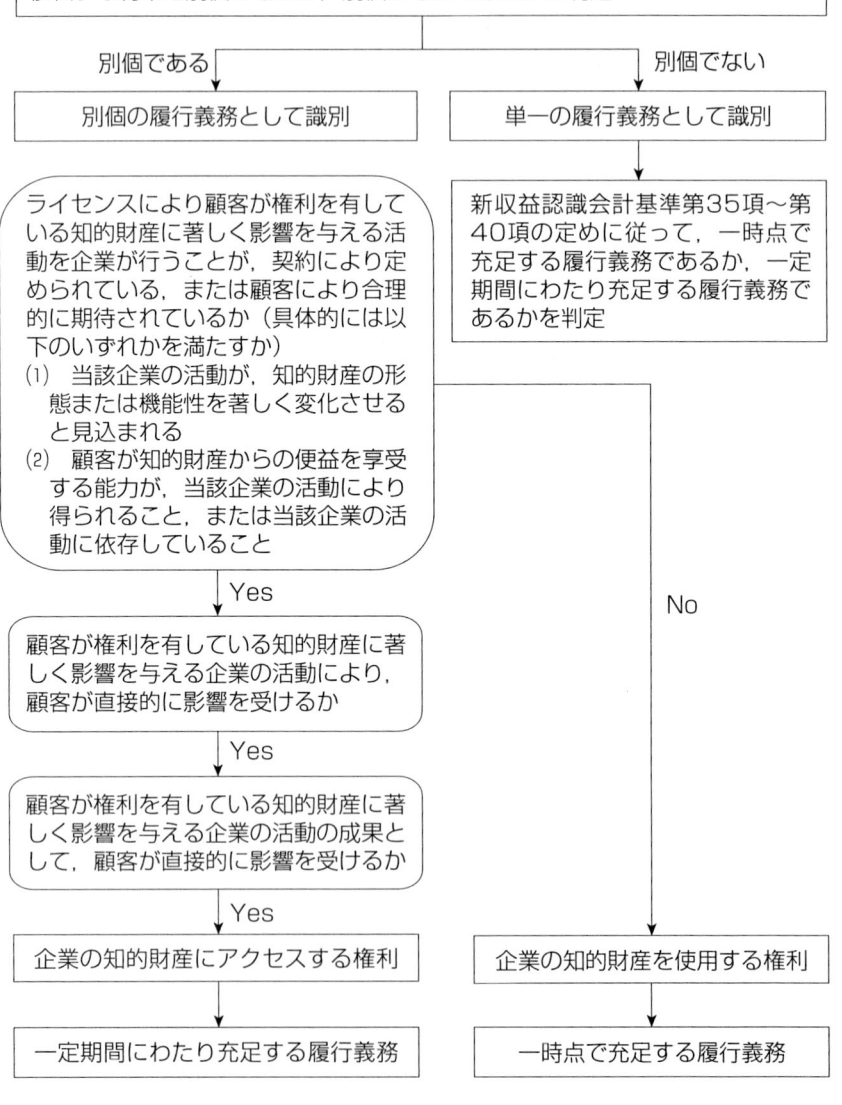

図表6-9　ライセンス販売の処理

ライセンスを供与する約束と，顧客との契約における他の財またはサービスを移転する約束と別個のものか，別個のものでないかの判定

別個である

別個の履行義務として識別

ライセンスにより顧客が権利を有している知的財産に著しく影響を与える活動を企業が行うことが，契約により定められている，または顧客により合理的に期待されているか（具体的には以下のいずれかを満たすか）
(1) 当該企業の活動が，知的財産の形態または機能性を著しく変化させると見込まれる
(2) 顧客が知的財産からの便益を享受する能力が，当該企業の活動により得られること，または当該企業の活動に依存していること

Yes

顧客が権利を有している知的財産に著しく影響を与える企業の活動により，顧客が直接的に影響を受けるか

Yes

顧客が権利を有している知的財産に著しく影響を与える企業の活動の成果として，顧客が直接的に影響を受けるか

Yes

企業の知的財産にアクセスする権利

一定期間にわたり充足する履行義務

別個でない

単一の履行義務として識別

新収益認識会計基準第35項～第40項の定めに従って，一時点で充足する履行義務であるか，一定期間にわたり充足する履行義務であるかを判定

No

企業の知的財産を使用する権利

一時点で充足する履行義務

　ソフトウェアライセンスの供与を伴うシステム構築サービスを行っている場合を例に，履行義務の充足パターンを検討します。

設例6-11　**ライセンス販売とシステム開発が単一の履行義務と判断される場合**

（前提条件）

- 当社は顧客仕様のソフトウェアを開発しており，システム開発およびライセンスの提供を行っている。
- 顧客がシステムにアクセスするためには，ライセンスの提供とともに固有のシステム構築が必要になる。
- ライセンス供与のみで顧客は便益を享受することはできず，他社が容易にシステム開発作業をすることはできない。

（履行義務の充足）

　ライセンスとシステム開発が別個の履行義務と判断されない場合には，新収益認識会計基準第35項〜第40項の定めに従って，一時点で充足される履行義務とするか，一定期間にわたり充足される履行義務とするかを判断したうえで，会計処理しなければなりません。

設例6-12　**ライセンス販売と他のサービスが別個の履行義務と判断される場合**

（前提条件）

- 当社は標準的なパッケージソフトウェアのライセンス販売を行っており，主にライセンスを単独で販売している。
- 顧客はシステム開発をしなくてもシステムの標準的な機能を利用することにより便益を享受できる。
- システム構築を伴う場合があるが，特殊なものではなく，他社でも提供可能である。
- システム作業による，顧客にとってのライセンス機能の著しい変化は想定されていない。

（履行義務の識別）

　顧客が権利を有する知的財産に著しく影響を与える活動を自ら行うことが契約に

より定められておらず，顧客もそれを合理的に期待していない場合には「知的財産にアクセスする権利」としての性質を定める新収益認識適用指針第63項の要件は満たされないため，ライセンス販売については別個の履行義務として，提供時の一時点で履行義務が充足するものと判断します。

Q6-18 サービスに対する保証が付されている場合の会計処理

Q	サービスに対する保証を伴うライセンス販売の会計処理について教えてください。
A	保証サービスについては，製品保証の性質により，別個の履行義務に当たるかを判断します。そのうえで別個の履行義務と判断された場合には，取引価格を財またはサービスと識別された保証サービスに関する履行義務に配分します。

解説

保証サービスについては，新収益認識適用指針第34項から第38項に特定の状況または取引として取扱いが定められています。

顧客が製品保証を単独で購入するオプションを持たない場合においては，保証の内容が「当該財またはサービスが合意された仕様に従っているという保証」のみか，「顧客にサービスを提供する保証」を含んでいるかにより会計処理が異なります。保証が上記のいずれに当たるかについても新収益認識適用指針に定めがあり，判断過程をフローチャートに示すと図表6-10のようになります。

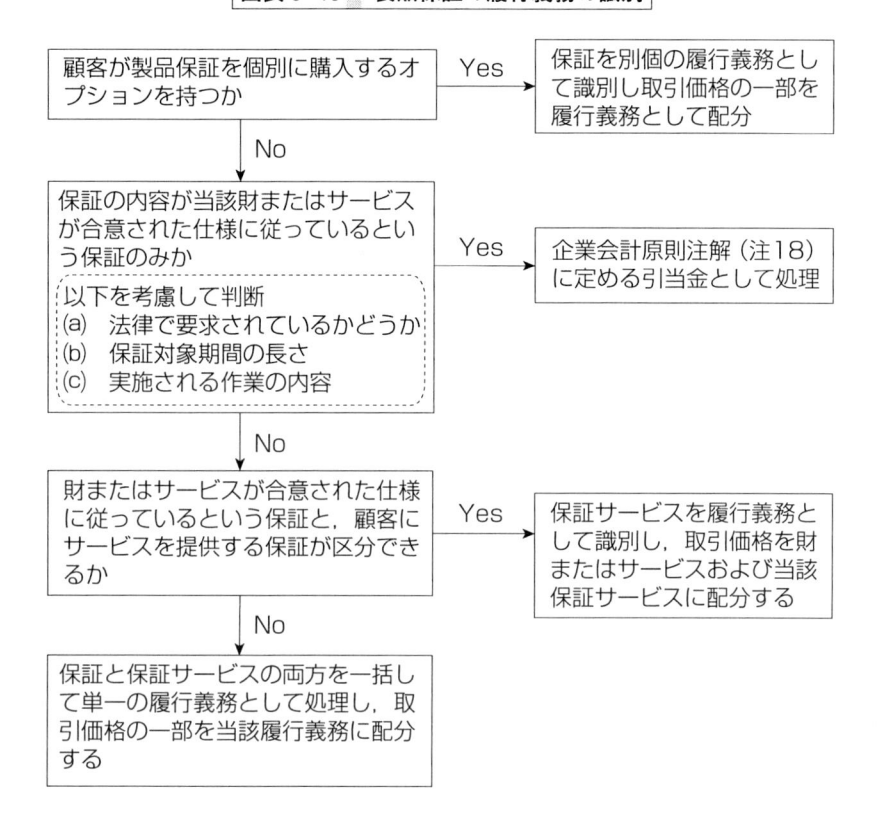

図表6-10　製品保証の履行義務の識別

ソフトウェア開発に瑕疵担保保証が付されている場合を例に，履行義務の識別の判定を検討します。

設例6-13　**ソフトウェア開発に瑕疵担保保証が付されている場合**

（前提条件）

　システム開発の契約であり，契約に際して1年間の瑕疵担保保証が付されている。また，無償の瑕疵担保保証とは別に，有償の保守サービスの提供も行っている。有償の保守サービス契約はシステム受託契約とは別途受注する。

履行義務の識別

　瑕疵担保保証については，収益を繰り延べるのではなく，企業会計原則注解（注18）に従い，瑕疵担保保証期間中に発生すると合理的に見積られる費用を収益計上時に製品保証引当金として計上します。

　有償の保守サービスは別個の履行義務として区別し，年間保守サービス料金を保守期間にわたって収益計上していきます。

第 7 章

特殊論点

Point

- 本章では特殊論点について解説します。

Q7-1 クラウドサービスの概要

Q	クラウドサービスの概要について教えてください。
A	クラウドサービスは，ネットワークを通じて情報処理サービスを提供するサービス形態です。ユーザー自らがソフトウェアを所有するのではなく，必要な時に必要なだけサービスを利用することとなります。

解 説

　クラウドサービスとは，インターネット等のネットワークを通じて提供される情報処理サービスを，ユーザーが必要に応じて利用する形態のサービスです。クラウドの導入によって，ユーザーはサーバーやソフトウェアを自ら「所有」する必要がなくなり，必要な時に必要なだけインターネット経由で「利用」することが可能となります。これにより，ユーザーにとって多額のIT投資をする必要がなくなります。また，バージョンアップ等も提供者側が行うこととなり，自ら保守・運用を行う必要もなくなります。

　クラウドサービスについては図表7-1のような種類分けができます。

図表7-1　クラウドサービスの種類

サービスの種類	内　容
SaaS (Software as a Service)	電子メール，業務ソフトウェアなどのサービスをインターネット経由で提供（ASP（Application Service Provider）もその一種）
PaaS (Platform as a Service)	アプリケーションサーバーやデータベースなどアプリケーションを実行するためのプラットフォームをインターネット経由で提供
IaaS (Infrastructure as a Service)	ハードウェアやインフラ機能をインターネット経由で提供

　また，クラウドサービスはサービスの利用者が限定されているか否かによって，図表7-2のような分類がなされることもあります。

図表 7 - 2　　パブリッククラウドとプライベートクラウド

分　類	内　容
パブリッククラウド	不特定多数のユーザーに利用されるサービス
プライベートクラウド	特定のユーザーに限定したサービス

これらを図でまとめると，以下のようになります。

	アプリケーション	アプリケーション基盤	インフラ機器
SaaS		ベンダーが提供	
PaaS	ユーザーが用意	ベンダーが提供	
IaaS	ユーザーが用意		ベンダーが提供

Q7-2 クラウドサービスのベンダー側における会計処理

Q	クラウドサービスのベンダー側における会計処理について教えてください。
A	クラウドサービスの内容を個別に判断して会計処理を行うこととなります。具体的には下記のようなケースが考えられますが，それぞれの性質に応じて各種ソフトウェアに分類する必要があります。 ① 第三者への業務処理サービスの提供に該当する場合 ……自社利用のソフトウェア ② 特定のユーザーに向けてソフトウェアを構築する場合 ……受注制作のソフトウェア ③ パッケージソフトウェアのダウンロード販売 ……市場販売目的のソフトウェア

解 説

1．ベンダー側のソフトウェアの区分

(1) ASPサービス（SaaS）

　ASPサービスにおいては，ソフトウェアそのものをベンダーがユーザーに提供するわけではなく，ネットワーク経由でベンダーが所有するソフトウェアをユーザーが利用することになります。これが市場販売目的のソフトウェアまたは自社利用のソフトウェアに該当するのかが，論点となります。

　この点，研究開発費等意見書三(3)②は，市場販売目的のソフトウェアについて，製品マスター（複写可能な完成品）を制作し，これを複写したものを販売する場合のソフトウェアとして定義しています。前述のとおり，ASPサービスは複写したソフトウェアを販売するものではないため，通常，市場販売目的のソフトウェアには該当しないこととなります。

　一方，研究開発費等実務指針第11項①は，契約に基づいて第三者への業務処理サービスの提供にソフトウェアを利用して対価を得る場合には，自社利用のソフトウェアに該当するとしており，ASPサービスはこれに該当することとなります。

⑵　その他のクラウドサービス

　PaaS・IaaSといったクラウドサービスを提供する場合についても，その性質に基づいて会計処理を行うこととなりますが，契約に基づいて第三者への業務処理サービスの提供にソフトウェアを利用して対価を得るケースに該当するか否かを検討し，これに該当する場合には自社利用のソフトウェアとして会計処理することとなります。ただし，PaaS等で特定のユーザーに向けてソフトウェアを構築する場合には，その制作費は受注制作のソフトウェアとして会計処理を行います。

　なお，ネットワークを利用してパッケージソフトウェアをダウンロード販売するような場合には，その性質上，市場販売目的のソフトウェアとして処理することとなります。

図表7-3　クラウドサービスのベンダー側のソフトウェアの区分

クラウドサービスの内容	ソフトウェアの区分
ASPサービス等，契約に基づいて第三者への業務処理サービスの提供にソフトウェアを利用して対価を得る場合に該当するケース（例：契約に基づいて，財務会計システムによる処理サービスを提供する場合）	自社利用のソフトウェア
PaaS等で特定のユーザーに向けてソフトウェアを構築する場合	受注制作のソフトウェア
パッケージソフトウェアのダウンロード販売	市場販売目的のソフトウェア

２．クラウドサービスの減価償却方法
⑴　自社利用のソフトウェアとして処理する場合

　クラウドサービスを自社利用のソフトウェアとして処理する場合においても，通常の自社利用のソフトウェアと同様，一般的には定額法による償却を採用し，耐用年数についても5年以内の年数を原則とし，5年を超える年数とするときには合理的な根拠に基づくことが必要と考えられます。

　一方で，ASPサービスのように第三者へのサービス提供に用いるケースにお

いては，将来の獲得収益を見積ることができる場合があります。このような場合には，市場販売目的のソフトウェアのように見込販売収益（数量）に基づく減価償却を行うほうが費用・収益の対応の観点からより合理的なこともあり，各企業がその利用の実態に応じて最も合理的な方法を採用することとなります。

(2) 市場販売目的のソフトウェアとして処理する場合

ネットワークを利用してパッケージソフトウェアのダウンロード販売を行うような場合には，その性質に鑑みて市場販売目的のソフトウェアとして処理することとなります。このため，減価償却の方法も通常の市場販売目的のソフトウェアと同様に，3年以内の期間にわたり見込販売数量または見込販売収益に応じて償却額を計算し，当額償却額と残存有効期間に基づく均等配分額のいずれか大きい額を計上することとなります。

図表7-4　クラウドサービスの減価償却方法

ソフトウェアの区分	クラウドサービスの内容	収益との対応	減価償却方法	耐用年数
自社利用のソフトウェア	外部へのサービス提供	明確	見込販売収益（数量）に応じて償却	3年以内
		不明確	定額法	5年以内ないし市場販売目的のソフトウェアに準じて3年以内
	上記以外	不明確	定額法	5年以内
市場販売目的のソフトウェア	パッケージソフトウェアのダウンロード販売	明確	見込販売収益（数量）に応じて償却	3年以内

Q7-3 　クラウドサービスのユーザー側における会計処理

Q	クラウドサービスのユーザー側における会計処理について教えてください。
A	クラウドサービスの契約内容に応じて判断することとなります。ベンダー側がソフトウェアの所有権を有しており，ユーザーがこれを一定期間にわたり利用するサービスを受ける場合には当該期間にわたり費用処理します。一方，ユーザー側がソフトウェアの所有権を有する場合には，将来の収益獲得または費用削減が確実である限り資産計上することとなります。

解　説

　ASPサービス等のクラウドサービスにおいては，ユーザーがソフトウェアを「所有」するのではなく，ベンダーの所有するソフトウェアを「利用」することとなります。クラウドサービスの利用契約においては，ソフトウェアの使用許諾のほか，ソフトウェアの保守・運用サービス等が含まれており，契約の内容や契約に含まれる取引の性質に応じて会計処理を行う必要があります。

　一般的には，ベンダーがソフトウェアの所有権を継続的に保有する限り，ユーザー側においてサービスの提供期間にわたって利用料を費用処理することとなります。一方，ユーザー側が無期限でソフトウェアを利用できる場合等，ソフトウェアの所有権を有するものと認められる場合には，将来の収益獲得または費用削減が確実と認められることを前提に，資産計上することとなります。

Q7-4 オンラインゲームサービスの区分

Q	インターネット上のオンラインゲームのサービスを提供している会社において，当該事業に係るソフトウェアはソフトウェアの会計処理区分のうちどの区分に該当するか教えてください。
A	オンラインゲームサービス事業に係るソフトウェアを，ゲームソフトとして機能している部分と，複数のオンラインゲームソフトに共通して提供されるインフラとして必要な部分に区分する必要があります。それぞれの区分に対して会計処理を検討します。

解説

1．ゲームソフトとして機能する部分の会計処理

　ゲームソフトとして機能する部分については，そのゲーム部分が「ソフトウェア」なのか「コンテンツ」なのかを確定させる必要があります。コンテンツであれば，それ自体がソフトウェアとは別個の経済価値をもつものであることから，ソフトウェアとしての会計処理は行われません。実務指針上は，「ゲームソフトは，一般的にソフトウェアとコンテンツが高度に組み合わされて制作されるという特徴を有して（研究開発費等実務指針29）」おり，どちらに区分するかはその割合に応じて判断します。両者が一体不可分なものとして明確に区分できない場合には，その主要な性格がソフトウェアかコンテンツかを判断してどちらかにみなして会計処理します（研究開発費等実務指針30）。

　ソフトウェアとして処理される場合，当該ゲームソフトが「市場販売目的のソフトウェア」か「自社利用のソフトウェア」のどちらに区分されるかという問題があります。単にインターネット経由でゲームソフトをダウンロード販売しているようなケースでは，当該ゲームソフトは「市場販売目的のソフトウェア」に区分されると考えられます。

　他方，一定の会員料を支払ってゲームに参加したり，オンラインゲーム内で利用可能なコンテンツを購入する形でユーザーが対価を支払う場合は，サービスを提供している会社とユーザーがオンラインサービスの使用許諾契約を結ん

でいると考えることができます。そのため，「自社利用のソフトウェア」のうち「外部へのサービス提供目的のソフトウェア」として考えることが可能です。また，その結果として利用可能期間の算定，減損会計の適用などについて検討が必要となる点に注意する必要があります。

２．当該サービスをオンラインで稼動させるためのソフトウェアの会計処理

　ゲームソフトの固有のタイトルに依存せず，オンラインゲームの基盤として機能するために必要な部分のソフトウェアについては，「自社利用のソフトウェア」に区分することが適切と考えられます。

　なお，自社利用のソフトウェアのうち，「外部へのサービス提供目的のソフトウェア」として分類されることになるため，利用可能期間の算定，減損会計の適用などについて検討が必要となる点に注意する必要があります。

Q7-5　　映像用ソフトウェアの会計処理

Q	映像用ソフトウェアの会計処理について教えてください。
A	映像用ソフトウェアの購入者側では，ソフトウェアとコンテンツを一体として，その主要な性格に応じてソフトウェアまたはコンテンツのいずれかとみなして会計処理をすることになると考えられます。ただし，両者の経済価値を明確に区分できる場合で，区分して会計処理することが合理的であるときには，両者を区分して会計処理することは妨げられてはいません。 映像用ソフトウェアの制作者側では，研究開発費等実務指針に従い，原則として，ソフトウェアとコンテンツを区分して把握し，別個のものとして処理します。ただし，ソフトウェアとコンテンツが一体不可分である場合には，両者を一体としてどちらかにみなして処理することができます。

解説

1. 購入者側の処理

映像用ソフトウェアとは，一般的にプログラムおよびグラフィック，サウンド，シナリオ等のコンテンツが一体となったソフトウェアのことをいいます。

映像用ソフトウェアの購入者側では，ソフトウェアとコンテンツを区分して把握することは実務上困難であり，また，その必要性もないものと考えられています。したがって，両者を一体として，その主要な性格に応じてソフトウェアまたはコンテンツのいずれかとみなして会計処理をすることになると考えられます。ただし，この場合においても両者の経済価値を明確に区分できる場合で，区分して会計処理することが合理的であるときには，両者を区分して会計処理することは妨げられてはいません。

2. 制作者側の処理

映像用ソフトウェアの制作者側では，研究開発費等実務指針に従い以下のように会計処理を行います。

（原則）

ソフトウェアとコンテンツを区分して把握し，別個のものとして処理する。

（例外）

ソフトウェアとコンテンツが一体不可分である場合には，両者を一体としてどちらかにみなして処理することができる。

映像用ソフトウェアの場合，一般的に画像処理を行うソフトウェアよりも画像処理の対象である画像に価値があると考えられます。したがって，映像用ソフトウェアは，コンテンツとして取り扱うほうが多いと考えられます。

コンテンツとして取り扱う場合，我が国においては統一的な会計基準は存在しないため，実務上の会計慣行に従い会計処理を行うこととなります。

ここでは，制作原価の範囲とその会計処理（勘定科目を含みます）について検討することとします。

(1) 制作原価の範囲

映像用ソフトウェア制作においては，以下のようなコストが発生するものと

考えられます。

> ① 原作映画化権の取得費用
> ② 監督，俳優等へのギャラ
> ③ 実際制作費用（ロケ代，衣装代，レンタル費用等）
> ④ 間接配賦費用（自社スタジオの減価償却費，本社費等）など

⑵ 制作原価の費用配分方法と会計処理勘定科目

実務上，以下の処理方法が考えられます。

> ① 完成した映像用のソフトウェアを棚卸資産に計上し，費用配分する方法
> ② 完成した映像用のソフトウェアを有形固定資産に計上し，減価償却する方法
> ③ 完成した映像用のソフトウェアを無形固定資産に計上し，費用配分する方法

実務指針において，市場販売目的のソフトウェアの償却期間は原則 3 年以内の年数とし，3 年を超える年数とするときには，合理的な証拠に基づく必要があるとされているように，映像用ソフトウェアについても，過去の経験等に基づいて一定の予想収益期間を設定することが必要になると考えられます。

Q7-6　研究開発費の税務上の処理

Q	研究開発費の税務上の処理について教えてください。
A	会計上は，研究開発費は発生時に費用として処理しますが，税務上は，内容により，損金算入，製造原価，減価償却資産，棚卸資産となります。

解　説

会計上は，研究開発費は発生時に費用として処理しますが（研究開発費等会計基準三），税務上は，試験研究費のうち基礎研究および応用研究ならびに工業化研究に該当することが明らかでないものの費用を損金算入することができます。

> **【法人税基本通達5－1－4】**
> 次に掲げるような費用の額は，製造原価に算入しないことができる。
> (2) 試験研究費のうち，基礎研究及び応用研究の費用の額並びに工業化研究に該当することが明らかでないものの費用の額

会計上の処理と税務上の処理を比較すると図表7-5のようになります。

図表7-5　会計上の処理と税務上の処理

内　容	会計上の処理	税務上の処理
基礎研究	一括費用処理	損金算入
応用研究	一括費用処理	損金算入
工業化研究に該当することが明らかでないもの	一括費用処理	損金算入
工業化研究に該当することが明らかなもの	一括費用処理	製造原価➡棚卸資産➡売上原価
特定の研究開発目的のために取得した固定資産	一括費用処理	資産計上➡減価償却
新製品の試作品	一括費用処理	重要性があれば資産計上

　基礎研究および応用研究は，会計と税務で相違はありません。工業化研究に該当することが明らかでないものも工業化研究に該当することが明らかなものも，会計上は，研究開発費として一括費用処理されますが，税務上は工業化研究に該当することが明らかなものは，製造原価に算入しなければなりません。税務上は製造原価に算入されると仕掛品または製品に振り替わり，最終的に売上原価に計上されます。

　また，特定の研究開発目的のみに使用され，他の目的に使用できない機械装置や特許権等を取得した場合の原価は，取得時に研究開発費とします（研究開発費等会計基準注解1）が，税務上は，研究開発のための材料となるものであることが明らかなものを除き，減価償却資産に該当します（法基通7－1－8の2）。

　試作品については，会計上は研究開発費として一括費用処理しますが，税務

上は資産として計上しなければなりません。

Q7-7　有価証券報告書の開示

Q	有価証券報告書における研究開発費およびソフトウェアの開示上の留意点について教えてください。
A	上場している株式会社は金融商品取引法第24条において，有価証券報告書を提出することが義務付けられています。 有価証券報告書の第一部【企業情報】において，【経営上の重要な契約等】，【研究開発活動】，【設備の状況】，【経理の状況】の損益計算書関係の注記において研究開発費およびソフトウェアに関する状況を開示します。

解説

研究開発費等意見書に以下のような記載があります。

四　ディスクロージャーについて
　1　財務諸表における開示
　研究開発の規模について企業間の比較可能性を担保するため，当該年度の一般管理費及び当期製造費用に含まれる研究開発費の総額を財務諸表に注記することとする。
　なお，研究開発費は，当期製造費用として処理されたものを除き，一般管理費として当該科目名称を付して記載することが適当である。
　2　研究開発活動の記載
　有価証券報告書等の「事業の概況」等における研究開発活動の状況の記載については，企業間比較が可能となるよう記載項目（研究体制，研究成果等）を統一すべきであるとの意見もあった。
　しかし，記載項目を統一した場合，画一的な記載内容となるおそれがあるため，現行どおり，概括的な記載を求めることが適当であると判断した。
　なお，研究開発活動に関する情報は，企業の経営方針や将来の収益予測に関する重要な投資情報であると考えられるため，各企業において，これを自発的，積極的に開示することが望まれる。

　有価証券の開示は「企業内容等の開示に関する内閣府令」および「企業内容等の開示ガイドライン」に基づいて行います。

第一部【企業情報】
　第2　【事業の状況】
　　4　【経営上の重要な契約等】

　ソフトウェアに関しては，受注制作のソフトウェアに関する受注契約のうち重要な契約を記載します。

第一部【企業情報】
　第2　【事業の状況】
　　5　【研究開発活動】

　研究開発活動の状況（例えば，研究の目的，主要課題，研究成果，研究体制等）および研究開発費の金額を，事業の種類別セグメントに関連付けて記載します。なお，金額は【経理の状況】の損益計算書関係の注記にある「一般管理費及び当期製造費用に含まれる研究開発費の総額」の金額と整合させる必要があります。

第一部【企業情報】
　第3　【設備の状況】
　　1　【設備投資等の概要】
　　2　【主要な設備の状況】
　　3　【設備の新設，除却等の計画】

　設備投資の目的，内容および投資金額を事業の種類別セグメントに関連付けて概括的に記載します。また，重要な設備の除却，売却があった場合には，その内容および金額を事業の種類別セグメントに関連付けて記載します。無形固定資産として計上しているソフトウェア等が重要である場合には記載する必要があります。

第一部【企業情報】
　第5　【経理の状況】
　　（損益計算書関係）
　　※一般管理費及び当期製造費用に含まれる研究開発費の総額

　財務諸表等規則第86条第1項および連結財務諸表規則第55条の2では，「一

般管理費及び当期製造費用に含まれている研究開発費については，その総額を
注記しなければならない」とされています。

　なお，財務諸表等規則第86条第2項に「前項に規定する事項は，財務諸表提
出会社が連結財務諸表を作成している場合には，記載することを要しない」と
されています。

　したがって，連結財務諸表を作成している会社では，連結損益計算書関係の
注記に，連結財務諸表を作成していない会社では，損益計算書関係の注記に，
一般管理費および当期製造費用に含まれている研究開発費の総額を開示します。

開　　　示

- 本章では，財務諸表におけるソフトウェアの開示方法について，実際の事例を紹介しながら解説します。

Q8-1 貸借対照表における開示

Q	貸借対照表におけるソフトウェア関連項目の開示について教えてください。
A	ソフトウェアの種類別，制作の進捗状況に応じてソフトウェア，ソフトウェア仮勘定（無形固定資産）または製品，仕掛品（棚卸資産）の開示が考えられます。

解 説

　ソフトウェアに関連する項目の貸借対照表上の表示については，図表8-1のとおり取り扱うこととなります。

図表8-1　ソフトウェアに関連する項目の貸借対照表上の表示

分　類	内　容	貸借対照表上の表示科目
市場販売目的のソフトウェア	製品マスターまたは購入したソフトウェアの機能の改良および強化に要した費用（著しいものを除く）	完成品：ソフトウェア（無形固定資産） 制作途中のもの：ソフトウェア仮勘定（無形固定資産）
	ソフトウェアの保存媒体のコスト，製品マスターの複写に必要なコンピュータ利用等の経費等，製品としてのソフトウェアの制作原価	完成品：製品 制作途中のもの：仕掛品
受注制作のソフトウェア	工事完成基準が適用されるソフトウェアで，完成・引渡し前までに集計された制作原価	仕掛品
自社利用のソフトウェア	将来の収益獲得または費用削減が確実と認められる場合のソフトウェアの制作原価	完成品：ソフトウェア（無形固定資産） 制作途中のもの：ソフトウェア仮勘定（無形固定資産）

（注）　無形固定資産に計上される制作途中のソフトウェアの制作原価については，重要性がない場合，製品マスターの制作仕掛品と完成品を区分することなく一括してソフトウェアとして計上することも可能（研究開発費等実務指針10参照）。

Q8-2 損益計算書における開示

Q	損益計算書におけるソフトウェア関連項目の開示について教えてください。
A	連結財務諸表においては，すべての売上高・売上原価・販売費及び一般管理費を一括して開示するか，連結会社が複数の事業を営む場合には，事業の種類別に区分して記載することが認められています（連規50）。一方，個別財務諸表においても，すべての売上高・売上原価を一括して開示するか，複数事業を営む場合には，売上高・売上原価を事業の種類別に記載することが認められています（財規71）。

解 説

1．連結財務諸表の開示例

開示例 ㈱アンドール

【連結損益計算書】

(単位：千円)

	前連結会計年度 (自 平成28年4月1日 至 平成29年3月31日)	当連結会計年度 (自 平成29年4月1日 至 平成30年3月31日)
売上高		
製品売上高	355,559	411,753
ソフトウエア開発売上高	1,977,297	1,952,973
商品売上高	65,278	39,759
保守売上高	126,043	131,517
不動産事業売上高	22,630	20,399
売上高合計	2,546,809	2,556,404
売上原価		
製品売上原価	217,343	249,438
ソフトウエア開発売上原価	1,602,865	1,492,318
商品売上原価	48,086	27,704
保守売上原価	68,563	61,631
不動産売上原価	11,151	12,327
売上原価合計	1,948,011	1,843,421
売上総利益	598,798	712,982

2. 個別財務諸表の開示例

開示例) ㈱オービック

【損益計算書】

(単位：百万円)

	前事業年度 (自 平成28年4月1日 至 平成29年3月31日)	当事業年度 (自 平成29年4月1日 至 平成30年3月31日)
売上高		
システムインテグレーション売上高	33,454	35,295
システムサポート売上高	20,455	23,424
売上高合計	53,910	58,719
売上原価		
システムインテグレーション売上原価	12,271	12,287
システムサポート売上原価	4,768	5,009
売上原価合計	17,039	17,296
売上総利益	36,870	41,422

開示例) ㈱東邦システムサイエンス

【損益計算書】

(単位：千円)

	前事業年度 (自 平成28年4月1日 至 平成29年3月31日)	当事業年度 (自 平成29年4月1日 至 平成30年3月31日)
売上高		
ソフトウエア開発売上高	11,883,457	11,682,214
情報システムサービス売上高	339,730	306,244
売上高合計	12,223,188	11,988,459
売上原価		
ソフトウエア開発売上原価	9,701,279	9,683,073
情報システムサービス売上原価	269,307	250,329
売上原価合計	9,970,587	9,933,403
売上総利益	2,252,601	2,055,055

ここ注意！

(1) 連結財務諸表規則ガイドライン50によると，下記のような場合に，売上高・売上原価・販売費及び一般管理費を事業の種類別に記載することができるとされています。

① 連結会社が営む事業のうちに，その種類，内容が著しく異なる 2 以上の事業があり，それらの事業を同一の区分に記載することが困難な場合または同一の区分に記載すると著しく明瞭性を阻害することとなる場合

② ①の事情がない場合においても，事業の種類ごとに区分して記載することがより明瞭な表示になると認められる場合

なお，事業の種類ごとに区分して記載する場合は，例えば，○○業営業収益および○○業営業費用のような区分の名称を付して，当該収益および費用に係る事業の種類が明確に判別されるように記載するものとされています。

(2) 財務諸表等規則ガイドライン71によると，事業の種類別に売上高・売上原価を記載する場合には，おおむね昭和26年政令第127号に基づく「日本標準産業分類」における中分類によるものとされています。実務上は，これを踏まえて企業の実態に合わせた開示が行われています。

なお，「日本標準産業分類」は総務省のホームページにおいて開示されています。

Q8-3 ソフトウェア関連事業の製造原価明細書・売上原価明細書における開示

Q	ソフトウェア関連事業の製造原価明細書・売上原価明細書の開示について教えてください。
A	財務諸表等規則第75条第 2 項は，製造原価明細書について，当期製品製造原価の内訳を記載し，損益計算書に添付しなければならないとしています。ただし，連結財務諸表においてセグメント情報を注記している場合は，記載を省略することが認められます。 また，損益計算書において売上原価を，①商品または製品の期首たな卸高，②当期商品仕入高または当期製品製造原価，③商品または製品の期末たな卸高に区分表示しない場合には，売上原価明細書を損益計算書に添付することが必要です（財規75 I，77）。

解 説

開示例 ㈱オービック

【システムインテグレーション売上原価明細書】

区分	注記番号	前事業年度 (自 平成28年4月1日 至 平成29年3月31日) 金額（百万円）	構成比 (％)	当事業年度 (自 平成29年4月1日 至 平成30年3月31日) 金額（百万円）	構成比 (％)
Ⅰ　材料機器原価					
（1）　期首材料機器たな卸高		14		6	
（2）　当期材料機器仕入高		4,474		4,051	
合計		4,488		4,057	
（3）　期末材料機器たな卸高		6		20	
（4）　他勘定振替	※1	538　　3,942	32.0	453　　3,584	29.7
Ⅱ　労務費	※2	7,054	57.2	7,129	59.0
Ⅲ　外注費		201	1.6	175	1.5
Ⅳ　経費	※3	1,135	9.2	1,189	9.8
当期総製造費用		12,334	100.0	12,079	100.0
期首仕掛品たな卸高		444		507	
合計		12,778		12,586	
期末仕掛品たな卸高		507		299	
当期システムインテグレーション売上原価		12,271		12,287	

原価計算の方法

当社の原価計算の方法は，プロジェクト別の個別原価計算であります。

（脚注）

前事業年度 (自 平成28年4月1日 至 平成29年3月31日)	当事業年度 (自 平成29年4月1日 至 平成30年3月31日)
※1．他勘定振替の内訳は，次の通りであります。	※1．他勘定振替の内訳は，次の通りであります。
工具，器具及び備品へ振替　　　　472百万円	工具，器具及び備品へ振替　　　　355百万円
消耗品費へ振替　　　　　　　　　20百万円	消耗品費へ振替　　　　　　　　　27百万円
システムサポート売上原価への振替高　13百万円	システムサポート売上原価への振替高　12百万円
その他　　　　　　　　　　　　　32百万円	その他　　　　　　　　　　　　　57百万円
計　　　　　　　　　　　　　　538百万円	計　　　　　　　　　　　　　　453百万円
※2．労務費の主な内訳は，次の通りであります。	※2．労務費の主な内訳は，次の通りであります。
給料及び手当　　　　　　　　4,696百万円	給料及び手当　　　　　　　　4,877百万円
法定福利費　　　　　　　　　　845百万円	法定福利費　　　　　　　　　　861百万円
賞与引当金繰入額　　　　　　　998百万円	賞与引当金繰入額　　　　　　1,009百万円
退職給付費用　　　　　　　　　322百万円	退職給付費用　　　　　　　　　199百万円
※3．経費の主な内訳は，次の通りであります。	※3．経費の主な内訳は，次の通りであります。
減価償却費　　　　　　　　　　201百万円	減価償却費　　　　　　　　　　249百万円
賃借料　　　　　　　　　　　　228百万円	賃借料　　　　　　　　　　　　223百万円

開示例 ㈱東邦システムサイエンス

【売上原価明細書】

(1) ソフトウエア開発売上原価明細書

区分	注記番号	前事業年度 (自 平成28年4月1日 至 平成29年3月31日) 金額（千円）	前事業年度 構成比（％）	当事業年度 (自 平成29年4月1日 至 平成30年3月31日) 金額（千円）	当事業年度 構成比（％）
Ⅰ 労務費		3,062,176	31.6	3,105,044	32.0
Ⅱ 外注費		6,210,689	64.1	6,242,564	64.3
Ⅲ 間接費	※1	422,215	4.3	358,422	3.7
当期総製造費用		9,695,081	100	9,706,032	100.0
期首仕掛品たな卸高		19,811		8,555	
合計		9,714,892		9,714,587	
期末仕掛品たな卸高		8,555		26,610	
他勘定振替高	※2	5,057		4,903	
当期ソフトウエア開発 売上原価		9,701,279		9,683,073	

（原価計算の方法）

　　当社の原価計算は，プロジェクト別に個別原価計算を行っております。

（注）

※1　主な内訳は，次のとおりであります。

項目	前事業年度（千円）	当事業年度（千円）
給料及び手当	254,054	200,637
支払家賃	46,974	46,974
旅費交通費	36,652	36,230
減価償却費	5,327	5,396

※2　他勘定振替高の内容は，次のとおりであります。

項目	前事業年度（千円）	当事業年度（千円）
研修費	4,925	63
採用促進費	132	219
ソフトウェア	−	4,620

> **ここ注意！**
>
> 　「研究開発費及びソフトウェアの会計処理に関する実務指針」第35項は，製品マスターの制作原価および製品マスターの償却費についての製造原価の計算における取扱いとして，以下の方法を挙げています。

> (1) 製品マスターの制作原価を製造原価に含めず直接的に無形固定資産として計上し，製品マスターの償却費を製造原価の経費として計上する。
> (2) 製品マスターの制作原価を製造原価に含め，製品マスターの制作仕掛品及び完成品を無形固定資産へ振り替えることにより製造原価から控除する。また，製品マスターの償却費は製造原価の経費として計上する。
> (3) 製品マスターの制作原価を製造原価に含め，製品マスターの制作仕掛品及び完成品を無形固定資産へ振り替えることにより製造原価から控除する。また，製品マスターの償却費は売上原価に直接算入する。

　これらの方法のうち，(1)の方法は，製品マスターの制作そのものに係るコストが当期製造費用に含まれず，当期のソフトウェア制作活動が製造原価の計算に反映されないという問題点があります。また，(2)の方法は，製品マスターの制作原価と完成品としての製品マスターの償却費がともに製造原価の当期製造費用に含まれ，同一の製品マスターに係る制作原価が二重に計上される点において不適切な結果となります。

　したがって，ソフトウェアの制作活動が製造原価の計算に適切に反映されるという観点からは，(3)の方法によることが望ましいといえます。

　なお，(3)の方法による場合の具体的な処理は，次のとおりとなります。

> ① 製品マスターの制作原価は製造原価として計上し，当期製造費用から制作仕掛品と完成品を無形固定資産に振り替える。
> ② 製品マスターの償却は販売したソフトウェアに対応する償却額とし，ソフトウェアの売上原価に計上する。
> ③ 製品としてのソフトウェアで販売されなかったもの及び複写等制作途上のものについては，仕掛品に計上する（製品マスターの償却費は配分されるべき原価が確定しないため仕掛品の原価には含めない）。

　この際，無形固定資産に振り替えられた製品マスターの制作原価は，製造原価明細書において「他勘定振替高」として開示されることになります。

Q8-4　注記による開示

Q	ソフトウェアに関連する注記はどのように行えばよいでしょうか。
A	以下のような項目について，「解説」に示した点に留意して注記を行う必要があります。 • 減価償却 • 研究開発費 • 工事契約 • 引当金

解 説

1．減価償却に関する注記

(1)　減価償却の方法

　「研究開発費及びソフトウェアの会計処理に関する実務指針」第22項は，ソフトウェアの減価償却の方法に関し，重要な会計方針として開示すべき項目として以下を挙げています。

> ①　市場販売目的のソフトウェアの減価償却方法に関する開示
> 　ア．市場販売目的のソフトウェアに関して採用した減価償却の方法
> 　イ．見込有効期間（年数）
> ②　自社利用のソフトウェアの減価償却方法に関する開示
> 　ア．自社利用のソフトウェアに関して採用した減価償却の方法
> 　イ．見込利用可能期間（年数）

開示例　㈱TKC（2018年9月期）

> 4．会計方針に関する事項
> 　(2)　重要な減価償却資産の減価償却の方法
> 　　②　無形固定資産（リース資産を除く）
> 　　　1）ソフトウエア
> 　　　　a．市場販売目的のソフトウエア
> 　　　　　　将来の見込販売数量による償却額と残存有効期間（3年以内）によ

る均等配分額とを比較し，いずれか大きい額をもって償却しております。
　　b．自社利用のソフトウエア
　　　　社内における利用可能期間を5年とする定額法を採用しております。

(2)　減価償却方法を変更した場合

　ソフトウェアの減価償却方法の変更は，会計方針の変更に該当しますが，会計方針の変更を会計上の見積りの変更と区別することが困難な場合として取り扱うこととなり，会計上の見積りの変更と同様に遡及適用は行いません（過年度遡及会計基準19，20）。ただし，以下の事項を注記することが求められます（過年度遡及会計基準18）。

> ①　減価償却方法の変更の内容
> ②　減価償却方法の変更が，当期に影響を及ぼす場合は当期への影響額。当期への影響がない場合でも将来の期間に影響を及ぼす可能性があり，かつ，その影響額を合理的に見積ることができるときには，当該影響額。ただし，将来への影響額を合理的に見積ることが困難な場合には，その旨

開示例 ㈱キングジム（2013年6月期）

> （会計上の見積りの変更と区別することが困難な会計方針の変更）
> （ソフトウェア（市場販売目的分）の減価償却方法の変更）
> 　当社は，ソフトウェア（市場販売目的分）の減価償却方法について，従来，見込販売数量に基づく償却額と残存有効期間に基づく均等配分額を比較し，いずれか大きい額を計上しておりましたが，当連結会計年度の期中に取得したものから取得時に即時償却する方法に変更しております。
> 　この変更は，製品開発において，新たな市場創出を目指す新規概念の製品が増加するなど，製品の多様化に伴い販売見込の算出が困難になったこと，および，製品のライフサイクルの短期化に鑑み，取得時に即時償却することで，実態をより適切に反映できるものと判断したことによるものであります。
> 　これによる当連結会計年度の営業利益，経常利益および税金等調整前当期純利益に与える影響は軽微であります。

(3)　見込有効期間および見込利用可能期間を変更した場合

　ソフトウェアの見込有効期間および見込利用可能期間の変更は，会計上の見

積りの変更に該当するため，以下の事項を注記する必要があります（過年度遡及会計基準18）。

> ①　会計上の見積りの変更の内容
> ②　会計上の見積りの変更が，当期に影響を及ぼす場合は当期への影響額。当期への影響がない場合でも将来の期間に影響を及ぼす可能性があり，かつ，その影響額を合理的に見積ることができるときには，当該影響額。ただし，将来への影響額を合理的に見積ることが困難な場合には，その旨

開示例 ㈱インフォマート（2012年12月期）

> 【会計上の見積りの変更】
> 　耐用年数の変更
> 　当社が保有するソフトウエアは，従来，耐用年数を5年として減価償却を行ってきましたが，次世代プラットフォームの構築により，既存プラットフォームのソフトウエアについては当連結会計年度において，耐用年数を2年に見直し，将来にわたり変更しております。
> 　これにより，従来の方法に比べて，当連結会計年度の営業利益，経常利益及び税金等調整前当期純利益はそれぞれ289,710千円減少しております。

2．研究開発費に関する注記

　研究開発費については，当期に一般管理費および当期製造費用に計上した額を総額で損益計算書に関する注記に記載します（研究開発費等実務指針4）。

3．工事契約に関する注記

　受注制作のソフトウェアの制作費は，請負工事の会計処理に準じて処理することとなるため（研究開発費等会計基準四1），開示も請負工事の場合に準じて行うこととなります。ここで，工事契約会計基準第22項は，その際に注記が必要な事項として，以下を挙げています。

> (1)　工事契約に係る認識基準
> (2)　決算日における工事進捗度を見積るために用いた方法
> (3)　当期の工事損失引当金繰入額
> (4)　同一の工事契約に関する棚卸資産と工事損失引当金がともに計上されること

となる場合には，次の①又は②のいずれかの額（該当する工事契約が複数存在する場合にはその合計額）

① 棚卸資産と工事損失引当金を相殺せずに両建てで表示した場合
その旨及び当該棚卸資産の額のうち工事損失引当金に対応する額
② 棚卸資産と工事損失引当金を相殺して表示した場合
その旨及び相殺表示した棚卸資産の額

(1)(2)の開示例　富士通㈱（2017年3月期）

（重要な会計方針）
4．収益及び費用の計上基準
　受注制作のソフトウェア等に係る収益の認識基準等
　当事業年度末までの進捗部分について成果の確実性が認められる場合については工事進行基準を適用し，その他の場合については工事完成基準を適用しております。なお，工事進行基準を適用する場合の当事業年度末における進捗度の見積りは，原価比例法を用いております。

(3)の開示例　JFEシステムズ㈱

（連結損益計算書関係）
※3　売上原価に含まれる，受注損失引当金繰入額は，次のとおりであります。

	前連結会計年度 （自　平成28年4月1日 至　平成29年3月31日）	当連結会計年度 （自　平成29年4月1日 至　平成30年3月31日）
売上原価	66,408千円	245千円

(4)①の開示例　㈱システムリサーチ

（連結貸借対照表関係）
※1　損失が見込まれるソフトウエア開発契約に係るたな卸資産と受注損失引当金は，相殺せずに両建てで表示しております。
　　受注損失引当金に対応するたな卸資産の額は，次のとおりであります。

	前連結会計年度 （平成29年3月31日）	当連結会計年度 （平成30年3月31日）
仕掛品	9,227千円	―

(4)②の開示例 ㈱エヌ・ティ・ティ・データ・イントラマート

（連結貸借対照表関係） ※2 損失が見込まれる受注契約に係る仕掛品は，これに対応する受注損失引当金と相殺表示しております。相殺表示した仕掛品に対応する受注損失引当金の額は次のとおりであります。		

	前連結会計年度 （平成28年3月31日）	当連結会計年度 （平成29年3月31日）
仕掛品	793千円	一千円

4. 引当金に関する注記

　ソフトウェアに関連する事業を営む企業において特有の引当金としては，以下のようなものが挙げられます。

(1) 受注損失引当金

　受注制作のソフトウェアについて，制作原価が制作に伴う収益を超過する可能性が高く，かつ，その金額を合理的に見積ることができる場合には，当該超過額のうち当該受注契約に関してすでに計上された損益の額を控除した残額を，損失が見込まれた期の損失として処理し，受注損失引当金を計上することになります（工事契約会計基準19）。この場合の注記例は，上記「3. 工事契約に関する注記」の(3)および(4)①②の開示例を参照ください。

(2) 製品保証引当金等

　ソフトウェアの検収後に不具合が生じるケースに備えて，契約上，検収終了後一定の期間内に不具合が生じた場合には，無償で補修を行うといった条項が設けられることが多いです。このような場合であって，将来補修費用の発生可能性が高く，かつ金額を過去の実績率等により合理的に見積ることができる場合には，引当金を計上することが必要です。

　引当金の科目名としては，実務上，製品保証引当金，品質保証引当金，プログラム補修引当金等の名称が使用されています。

開示例 日本電気㈱（2017年3月期）

（重要な会計方針）
3．引当金の計上基準
 (2) 製品保証引当金
　製品販売後または受託開発プログラム引渡後の無償修理費用の支出に備えるため，売上高等に対する過去の実績率および個別に追加原価の発生可能性を基礎とした見積額を計上しています。

開示例 ㈱テクノスジャパン（2017年3月期）

4．会計方針に関する事項
 (3) 重要な引当金の計上基準
 　② 品質保証引当金
　客先納入後の瑕疵担保等の費用の支出に備えるため，実績率に基づき算出した発生見込額を計上しております。
　また，品質確保に際し，個別に見積可能な費用については発生見込額を見積計上しております。

開示例 新日鉄住金ソリューションズ（2017年3月期）

4　会計方針に関する事項
 (3) 重要な引当金の計上基準
 　④ プログラム補修引当金
　プログラムの無償補修費用の支出に備えるため，過去の実績率により将来発生見込額を計上しております。

Q8-5　セグメント情報の開示

Q	ソフトウェアに関連する事業を営む場合のセグメントの記載方法について教えてください。
A	セグメント情報等会計基準およびセグメント情報等適用指針に従って，「解説」に示した項目を開示することになります。

解　説

1．概　要

　セグメント情報等会計基準およびセグメント情報等適用指針は，セグメント情報の注記における記載について図表8-2の項目を要求しています。

図表8-2　　セグメント情報の注記における記載

(1)　セグメント情報
　①　報告セグメントの概要
　　・事業セグメントの決定方法
　　・各セグメントに属する製品・サービスの種類
　②　報告セグメントに関する利益（損失），資産，負債等の額，測定方法
　③　各開示項目の合計額とこれに対応する財務諸表計上額との差異調整

(2)　関連情報
　①　製品・サービスに関する情報
　　外部顧客への売上高
　②　地域に関する情報
　　地域別売上高，有形固定資産の額
　③　主要な顧客に関する情報
　　当該顧客の名称，売上高，主要セグメントの名称

(3)　減損損失
　　損益計算書の「減損損失」の額のセグメント別内訳

(4) のれん
　　損益計算書の「のれん償却額」「負ののれん償却額」のセグメント別の償却額，未償却額

２．開示例

セグメント情報の実際の開示例は以下のとおりです。

開示例） ㈱エイチーム

（セグメント情報等）
【セグメント情報】
１．報告セグメントの概要

　当社の報告セグメントは，当社グループの構成単位のうち分離された財務情報が入手可能であり，取締役会が，経営資源の配分の決定及び業績を評価するために，定期的に検討を行う対象となっているものであります。

　当社グループは，事業部門を基礎としたサービス別のセグメントから構成されており，「エンターテインメント事業」，「ライフスタイルサポート事業」及び「EC事業」の３つを報告セグメントとしております。「エンターテインメント事業」は主にスマートデバイス（スマートフォン及びタブレット端末）向けを中心とするゲーム・ツール＆メディアアプリの企画・開発・運営を，「ライフスタイルサポート事業」は，主に日常生活に密着した比較サイト，情報サイトやECサイトなどの企画・開発・運営を，「EC事業」は，主に完全組立自転車をお届けする自転車専門通販サイトの企画・開発及び運営を行っております。

２．報告セグメントごとの売上高，利益又は損失，資産，負債その他の項目の金額の算定方法

　報告されている事業セグメントの会計処理の方法は，「連結財務諸表作成のための基本となる重要な事項」における記載と概ね同一であります。報告セグメントの利益は，営業利益ベースの数値であります。

３．報告セグメントごとの売上高，利益又は損失，資産，負債その他の項目の金額に関する情報

当連結会計年度（自 2017年8月1日 至 2018年7月31日）

(単位：千円)

	報告セグメント				調整額 (注) 1	連結損益計 算書計上額 (注) 2
	エンターテ インメント 事業	ライフスタ イルサポー ト事業	EC事業	計		
売上高						
外部顧客への売上高	16,168,421	18,955,868	2,550,164	37,674,453	－	37,674,453
セグメント間の内部売 上高又は振替高	－	－	－	－	－	－
計	16,168,421	18,955,868	2,550,164	37,674,453	－	37,674,453
セグメント利益又は損失 (△)	3,587,876	3,076,528	△211,899	6,452,505	△1,751,092	4,701,412
その他の項目						
減価償却費	267,745	109,323	6,976	384,046	48,452	432,498
減損損失	－	65,239	－	65,239	－	65,239

(注) 1．セグメント利益又は損失（△）の調整額1,751,092千円は，報告セグメントに帰属しない
全社費用であります。
2．セグメント利益又は損失（△）は，連結損益計算書の営業利益と調整を行っております。
3．セグメント資産については，経営資源の配分の決定及び業績を評価するための検討対象
とはなっていないため記載しておりません。

開示例 ㈱エヌ・ティ・ティ・データ

（セグメント情報等）
【セグメント情報】
1．報告セグメントの概要
　連結財務諸表提出会社である当社グループの報告セグメントは，当社グループ
の構成単位のうち分離された財務情報が入手可能であり，経営意思決定機関が，
経営資源の配分の決定及び業績を評価するために，定期的に検討を行う対象となっ
ています。
　国内市場における急速な業界変化やIT技術の進化が想定されるなかで，多様化
するお客様や社会の期待に応えるため，これまで以上に事業を跨った連携や，迅
速な意思決定が求められています。こうした背景から，事業組織の機動性をさら
に高めるため，業務執行については事業本部レベルでの意思決定が図られる体制
としています。
　また，グローバル経営のさらなる目標として，Global 3 rd Stage「信頼されるブ
ランドの浸透」を掲げ，ローカルプレゼンスの拡大，重要顧客の深耕，迅速・適
切なグループ全体の事業状況把握を行うこととし，これに向けたグローバルビジ
ネスの推進・管理体制の強化を平成29年7月1日に実施しました。

　これに伴い，当連結会計年度より，従来「公共・社会基盤」「金融」「法人・ソリューション」「グローバル」としていた報告セグメントを，「公共・社会基盤」「金融」「法人・ソリューション」「北米」「EMEA・中南米」へ変更しています。

　各報告セグメントでは，統合ITソリューション，システム・ソフトウェア開発，コンサルティング・サポート，及びその他のサービスを提供しています。

　なお，前連結会計年度のセグメント情報については，変更後の報告セグメントの区分に基づき作成したものを開示しています。

２．報告セグメントごとの売上高，利益又は損失，資産，負債その他の項目の金額の算定方法

　当社グループの報告されている事業セグメントの会計処理方法は，「連結財務諸表作成のための基本となる重要な事項」における記載と概ね同一です。

　報告セグメントの利益は，税金等調整前当期純利益ベースの数値です。

　セグメント間の内部収益及び振替高は，原価に適切な利益を加味して算定された額を基礎として決定しています。

　また，「連結財務諸表作成のための基本となる重要な事項　4．会計方針に関する事項　会計方針の変更」に記載のとおり，当社及び国内連結子会社は，当連結会計年度より，貸手のファイナンス・リース取引について，リース取引開始日に売上高と売上原価を計上する方法へ変更しています。これにより，前連結会計年度末のセグメント資産が公共・社会基盤で5,106百万円，金融で565百万円増加し，調整額が1,539百万円減少しています。

３．報告セグメントごとの売上高，利益又は損失，資産，負債その他の項目の金額に関する情報

当連結会計年度（自　平成29年 4 月 1 日　至　平成30年 3 月31日）

（単位：百万円）

	報告セグメント						その他 （注 1 ）	合計	調整額 （注 2 ）	連結財 務諸表 計上額 （注 3 ）
	公共・ 社会 基盤	金融	法人・ ソリュー ション	北米	EMEA・ 中南米	計				
売上高										
外部顧客へ 　の売上高	360,509	496,065	339,303	466,344	419,600	2,081,823	34,211	2,116,035	1,131	2,117,167
セグメント 　間の内部売 　上高又は 　振替高	83,171	63,499	137,921	5,676	3,628	293,897	62,309	356,206	△356,206	－
計	443,680	559,565	477,225	472,020	423,229	2,375,721	96,521	2,472,242	△355,074	2,117,167
セグメント利益 又は損失（△）	38,869	53,371	41,084	△19,327	△3,414	110,582	2,002	112,584	△12,500	100,083
セグメント 資産	272,965	496,092	440,470	568,025	287,839	2,065,392	59,017	2,124,409	109,868	2,234,277
その他の項目										
減価償却費	22,148	75,725	19,886	19,500	14,087	151,348	1,378	152,726	1,147	153,874
のれんの 　償却額	△3	－	161	18,798	7,590	26,546	384	26,930	－	26,930
持分法投資 　利益又は 　損失（△）	22	6	453	15	608	1,106	△81	1,024	2	1,026
特別利益	－	－	－	－	－	－	－	－	－	－
（投資有価証 　　券売却益）	－	－	－	－	－	－	－	－	－	－
（関係会社事 　　業譲渡益）	－	－	－	－	－	－	－	－	－	－
特別損失	480	1,107	141	19,365	385	21,479	－	21,479	－	21,479
（買収関連 　　費用）	－	－	－	－	－	－	－	－	－	－
（関係会社 　　再編損）	－	－	－	19,365	385	19,750	－	19,750	－	19,750
（のれん 　　減損損失）	－	－	－	－	－	－	－	－	－	－
（固定資産 　　減損損失）	480	1,107	141	－	－	1,728	－	1,728	－	1,728
のれん 　当期末残高	△2	－	1,603	255,359	51,861	308,822	2,835	311,658	－	311,658
持分法適用 　会社への 　投資額	479	216	2,116	36	1,951	4,801	2,030	6,831	－	6,831
有形固定資 　産及び無形 　固定資産の 　増加額	18,321	100,395	45,852	17,391	13,407	195,368	1,102	196,470	2,193	198,664

(注) 1 「その他」の区分は，中国・APAC地域ビジネス及び本社部門機能をサポートする事業を中心としている子会社等です。

　　　2 (1) セグメント利益又は損失の調整額△12,500百万円には，セグメントに未配分の金融収支△3,755百万円，セグメントに未配分の連結調整項目△8,744百万円等が含まれています。

　　　　　(2) セグメント資産の調整額109,868百万円には，管理部門に係る資産123,350百万円，セグメントに未配分の繰延税金資産等に関する連結調整項目△13,482百万円が含まれています。

　　　　　(3) 有形固定資産及び無形固定資産の増加額の調整額2,193百万円は，主に社内設備への投資額等です。

　　　3 セグメント利益又は損失は，連結損益及び包括利益計算書の税金等調整前当期純利益と調整を行っています。

巻末付録

1. IFRSとの差異一覧
2. Keyword

1 IFRSとの差異一覧

1．対象となる基準

(1) 無形資産

日本基準
「研究開発費等に係る会計基準」（企業会計審議会）
「研究開発費及びソフトウェアの会計処理に関する実務指針」（会計制度委員会報告第12号）
「研究開発費及びソフトウェアの会計処理に関するQ＆A」（会計制度委員会）
「企業結合に関する会計基準」（企業会計基準第21号）
「企業結合会計基準及び事業分離等会計基準に関する適用指針」（企業会計基準適用指針第10号」
「減価償却に関する当面の監査上の取扱い」（監査・保証実務委員会実務指針第81号）

IFRS
IAS第38号「無形資産」
SIC第32号「無形資産 ―― ウェブサイト費用」
IFRS第3号「企業結合」

(2) 収益認識

日本基準
「企業会計原則」（企業会計審議会）
「ソフトウェア取引の収益の会計処理に関する実務上の取扱い」（実務対応報告第17号）(＊1)
「工事契約に関する会計基準」（企業会計基準第15号）(＊2)
「工事契約に関する会計基準の適用指針」（企業会計基準適用指針第18号）(＊3)
「金融商品に関する会計基準」（企業会計基準第10号）
「金融商品会計に関する実務指針」（会計制度委員会報告第14号）
「収益認識に関する会計基準」（企業会計基準第29号）
「収益認識に関する会計基準の適用指針」（企業会計基準適用指針第30号）
※ 収益認識に関する会計基準および適用指針が令和3年4月1日以後開始する事業年度の期首から適用されることに伴い（＊1）～（＊3）は廃止される。

IFRS
IFRS第15号「顧客との契約から生じる収益」
IAS第11号「工事契約」
IFRIC第13号「カスタマー・ロイヤルティ・プログラム」

2．主要な差異

(1)　無形資産

	日本基準	IFRS
個別規定	無形固定資産の会計処理を規定する単一の包括的基準は存在しない。	(IAS38) 　無形資産の当初認識および測定は，別にまたは企業結合の一環として外部より取得されたか，または内部的に創設されたか等により異なる。IAS第38号は，これらのすべての状況をカバーする会計基準である。
定義	(財規27) 　無形資産の定義に関する個別規定は存在しないが，以下が例示されている。 • のれん • 特許権 • 借地権（地上権を含む） • 商標権 • 実用新案権 • 意匠権 • 鉱業権 • 漁業権（入漁権を含む） • ソフトウェア • リース資産　など	(IAS38. 8〜17) 　無形資産の定義は以下のとおりである。 • 過去の事象の結果として，企業が支配している。 • 将来の経済的便益が企業に流入することが期待されている。 • 物理的実体のない識別可能な非貨幣性資産である。
当初認識と測定（認識基準）	無形資産の認識基準に関する明文規定はない。	(IAS38. 18, 21) 　無形資産は，上記の定義に合致し，さらに以下を満たす場合にのみ認識しなければならない。 • 資産に起因する，期待される将来の経済的便益が企業に流入する可能性が高い。 • 資産の取得原価を，信頼性をもって測定できる。

	日本基準	IFRS
自己創設研究開発費	（研究開発費等会計基準三） 　研究開発費は，すべて発生時に費用として処理しなければならない。 　ソフトウェア制作費のうち，研究開発に該当する部分も研究開発費として費用処理する。	（IAS38. 52〜64） 　研究費は発生した時点で費用として認識する。 　開発費については，技術上の実行可能性や使用または売却するという企業の意図等，一定の要件がすべて立証可能な場合のみ，無形資産として認識しなければならない（満たさない場合には発生時に費用処理する）。 　コンピュータ・ソフトウェアの研究開発費に関する個別の指針はない。
事後測定	取得原価から償却累計額および減損損失を控除した金額で測定する（再評価は認められていない）。	（IAS38. 72, 75） 　原価モデルと再評価モデルのいずれかを会計方針として選択し，同一種類のすべての無形資産に適用しなければならない。 　再評価額とは，再評価日における公正価値から再評価日以降の償却累計額および減損累計額を控除した金額をいう。 　再評価モデルの適用は，無形資産の公正価値が活発な市場を参照することにより決定可能な場合のみ認められる。
償却（耐用年数）	販売用ソフトウェアを除き，実務上，法人税法に規定された期間に従った，定額法での償却が一般的である（ただし，「研究開発費等に係る会計基準」四5にソフトウェアの償却方法に関する個別規定あり）。	（IAS38. 88, 89, 97, 102, 104, 108） 　無形資産の耐用年数が確定可能であるか確定できないかを査定する。 　関連するすべての要因を分析した結果，その資産が企業に正味のキャッシュ・インフローをもたらすと期待される期間につ

	日本基準	IFRS
		いて，予測可能な限度がない場合（無限とは異なる）には，その無形資産の耐用年数は確定できないものとする。 　確定可能な耐用年数を有する無形資産はその期間にわたり償却する。償却方法は，予想される資産の将来の経済的便益の消費パターンを反映しなければならず，そのパターンを信頼性をもって決定できない場合には，定額法を採用する。 　耐用年数を確定できない無形資産は償却しないが，毎期，および減損の兆候がある場合はいつでも減損テストを実施する必要がある。また，各期において，引き続き耐用年数を確定できないかを確認する。
残存価額，耐用年数，減価償却方法の見直し	（監査・保証実務委員会実務指針第81号6，24） 　実務上，法人税法の規定に基づく減価償却の方法を採用し，税法が変更にならない限り変更しないケースが多いと思われる。 　なお，減価償却は合理的に決定された一定の方式に従い，毎期計画的，規則的に実施する必要がある。	（IAS38. 102, 104） 　残存価額，耐用年数，減価償却方法は，少なくとも各事業年度末に見直す必要がある。

	日本基準	IFRS
広告宣伝費	広告宣伝費に限定した規定は存在しない。	(IAS38. 69, BC46D, IAS16. 19(b)) 　企業が広告宣伝活動のための物品にアクセスできる権利を得るか（最終ユーザーへの物品の引渡し時ではない），広告宣伝に関連する役務の提供を受けた時点で広告宣伝費を計上する（上記の時点より前の支払いは無形資産ではなく，前払費用として処理する）。 　なお，上記広告宣伝費は，有形固定資産の取得原価に含めてはならない項目としても規定されている。

(2) 収益認識

	日本基準	IFRS
基本概念	(企業会計原則第二 三B) 　売上高は，実現主義の原則に従い，商品等の販売または役務の給付によって実現したものに限り認識される。 　新収益認識会計基準の適用以降は当該基準により収益の額が報告されることになる。	(IFRS15. Appendix A, 2) 　収益とは，資本参加者からの拠出に関するもの以外で，資本の増加をもたらす会計期間中の企業の通常の活動過程で生じる経済的便益の増加をいう。 　収益は，顧客への財またはサービスの移転と交換に，企業が権利を得ると見込む対価を反映した金額を認識する。
契約の定義および属性	契約の定義および属性に関する一般的な定めはなかった。また，口頭による合意や商慣習によるものであっても，契約が存在し得ることに関する規定はなかった。	(IFRS15. Appendix A, 9) 　契約とは強制可能な権利および義務を生じさせる複数の当事者間の合意と定義され，対価の回収可能性が高いなどの，契約

	日本基準	IFRS
	新収益認識会計基準第5項において契約について定義され，IFRS第15号とほぼ同様の内容となっている。	が備えているべき属性が定められている。 　また，契約は法的に強制可能である限り，必ずしも書面である必要はなく，口頭による合意や商慣行により存在し得る。
契約の結合	工事契約会計基準を除いて，複数の取引の結合に関して一般的に定めた規定はなかった。 　新収益認識会計基準において，IFRS第15号の内容を基礎とした定めが規定された。	(IFRS15. 17) 　同一の顧客との複数の契約が同時またはほぼ同時にて締結され，かつ，以下の要件のいずれかを満たす場合，契約を結合する。 • 単一の商業的目的を有し，包括的に交渉されている。 • 契約対価が，他の契約の価格または履行に左右される。 • 複数の契約で約定した財またはサービスが，単一の履行義務である。
契約の変更	工事契約会計基準および工事契約適用指針を除いて，契約が変更された場合の取扱いに関して一般的に定めた規定はなかった。 　新収益認識会計基準において，IFRS第15号の内容を基礎とした定めが規定された。	(IFRS15. 15, 20, 21) 　区別できる財またはサービスが追加され，かつ，その独立販売価格だけ契約価格が増額された場合には，新たな別個の契約として会計処理する。 　それ以外の契約の変更は既存契約の修正として処理され，未提出の財またはサービスが，変更以前に移転済みの財またはサービスと区別可能である場合には，当初契約が終了し，新たな契約が創出されたかのように処理する一方，区別できない場合には，当初契約の一部であるかのように処理する。

	日本基準	IFRS
履行義務（会計処理単位）の識別	ソフトウェア収益実務対応報告および工事契約会計基準を除いて，取引の会計処理単位への分割に関して一般的に定めた規定はなかった。 新収益認識会計基準の適用により，ソフトウェア収益実務対応報告および工事契約会計基準は廃止される。 新収益認識会計基準において，IFRS第15号の内容を基礎とした定めが規定された。	（IFRS15. 24, 27〜30） 区別可能性という概念に基づき，契約に含まれる財またはサービスを個別に会計処理すべき単位（履行義務）に分割することが求められる。 財またはサービスが，その性質に鑑みれば区別でき，かつ，契約の観点から見た場合にも，契約に含まれる他の財またはサービスから区別して識別できる場合に，区別可能とされる。 なお，履行義務は，契約上明示されている財またはサービスだけでなく，商慣習などによる黙示的なものも含まれる。
履行義務の性質－本人当事者か代理人か（収益の額の表示方法）	ソフトウェア収益実務対応報告を除き，契約において本人当事者（総額表示）または代理人（純額表示）のいずれとして行動しているのかに関して一般的に定めた規定はなかった。 新収益認識会計基準の適用により，ソフトウェア収益実務対応報告は廃止される。 新収益認識会計基準において，IFRS第15号の内容を基礎とした定めが規定された。	（IFRS15. B34〜B37） 顧客に移転する前に，企業が他の企業の財またはサービスを支配しているか否かに基づき，企業の履行義務は財またはサービスそのものを移転することなのか（本人当事者，総額表示）を判断することが求められる。また，当該判断に役立てるための指標が設けられている。
追加の財またはサービスに関する顧客の選択権（カスタマー・ロイヤル	一般的に定めた規定はなかった。 新収益認識会計基準において，IFRS第15号の内容を基礎とした定めが規定された。	（IFRS15. B39〜B40） 選択権が契約を締結しなければ得ることができない重要な権利を顧客に与えている場合，独立した履行義務として取り扱う。

	日本基準	IFRS
ティ・プログラム, クーポンなど）		
製品保証	（企業会計原則注18） 　販売時に製品保証引当金を計上する。 　新収益認識会計基準において, IFRS第15号の内容を基礎とした定めが規定された。	（IFRS15. B28〜B32） 　製品が合意された仕様に合致しているという保証を提供するものか否かで, 製品保証を品質保証型とサービス型に分類し, 前者は製品販売時に保証債務として引当処理する一方, 後者は独立した履行義務として取り扱う。
変動対価（販売インセンティブ, 仮価格など）	一般的に定めた規定はなかった。 　新収益認識会計基準において, IFRS第15号の内容を基礎とした定めが規定された。	（IFRS15. 50〜54, 56, 57） 　変動対価は期待値法または最頻値法のいずれかにより適切な方法を用いて見積り, 不確実性が解消される時点で収益認識累計額に大幅な戻入れが生じない可能性が非常に高い範囲でのみ, 取引価格 (すなわち収益) に含める。
返品権付き販売	（企業会計原則注18） 　販売時に返品調整引当金を計上する。 　新収益認識会計基準において, IFRS第15号の内容を基礎とした定めが規定された。	（IFRS15. 55, B22〜B25） 　返品権は一種の変動対価であるため, 上記変動対価の規定に基づき見積られた予想返品額を控除した後の金額で収益を計上するとともに, 予想返品額を返品負債として認識する。 　また, 顧客から製品を回収する権利に関する返品資産を, 棚卸資産の従前の帳簿価額から当該製品の予想回収コストを控除した金額で認識する。 　返品資産と返品負債は区分して表示する。

	日本基準	IFRS
金融要素	（金融商品会計実務指針130） （企業会計原則注6） 　売上債権等に重要な金利部分が含まれている場合，当該債権を取得したときにその現在価値で計上し，決済期日までの期間にわたって償却原価法（利息法または定額法）により各期の損益に配分する。割賦販売については，販売基準のほか，回収期限到来基準および入金基準も認められる。 　新収益認識会計基準において，IFRS第15号の内容を基礎とした定めが規定された。 　新収益認識会計基準第56項から第58項，新収益認識適用指針第184項に契約における重要な金融要素について規定されている。	（IFRS15. 60〜64） 　前払いか後払いかにかかわらず，販売契約に重要な金融要素が含まれている場合，約定対価を割り引くことにより貨幣の時間的価値の影響を調整し，取引価格（すなわち収益）を算定する。回収期限到来基準および入金基準は認められない。
現金以外の対価（無償の有形固定資産等の支給）	一般的に定めた規定はなかった。 　新収益認識会計基準において，IFRS第15号の内容を基礎とした定めが規定された。	（IFRS15. 66〜69） 　無償で支給された財またはサービスの支配を獲得する場合，非現金対価に該当する。 　非現金対価はIFRS第13号「公正価値測定」に従い公正価値で測定する。
顧客に支払われる対価	一般的に定めた規定はなかった。 　新収益認識会計基準において，IFRS第15号の内容を基礎とした定めが規定された。	（IFRS15. 70, 71） 　顧客に支払われる対価は，顧客から区別できる財またはサービスを購入した場合を除き，すべて取引価格（すなわち収益）から控除する。

	日本基準	IFRS
取引価格の履行義務（会計処理単位）への配分	ソフトウェア収益実務対応報告を除いて，取引価格の会計処理単位への配分に関して一般的に定めた規定はなかった。 　新収益認識会計基準の適用により，ソフトウェア収益実務対応報告は廃止される。 　新収益認識会計基準において，IFRS第15号の内容を基礎とした定めが規定された。	（IFRS15.76, 82, 85） 　相対的な独立販売価格に基づき取引価格を各履行義務に配分する。ただし，変動対価と値引に関して，当該配分原則に対する例外規定が設けられている。
収益認識のタイミング	（企業会計原則第二 三B, 注6） （工事契約会計基準9） 　具体的に実現の定義や収益認識要件等について定めた規定はない。一般的に「実現」とは，外部者との間において経済的な取引が行われたこと，つまり，財または役務が貨幣性資産に形を変えることをいうものとされている。 　工事契約に関しては，成果の確実性が認められる場合，工事進行基準が適用される一方，この要件を満たさない場合は，工事完成基準が適用される。また，工期がごく短い工事契約についても工事完成基準の適用が認められる。 　新収益認識会計基準の適用により，工事契約会計基準は廃止される。 　新収益認識会計基準において，IFRS第15号の内容を基礎とした定めが規定された。	（IFRS15.35〜37） 　履行義務は，約定した財またはサービスを顧客に移転し，顧客がその財またはサービスの支配を獲得した時点で（または獲得するに応じて）充足される。したがって，収益は顧客が財またはサービスの支配を獲得した時点で（または獲得するに応じて）認識される。 　資産の支配とは，資産の使用を指図し，資産からの残りの便益のすべてを実質的に獲得する能力をいう。

	日本基準	IFRS
一定期間にわたり充足される履行義務	（企業会計原則第二 一，注5(2), (4)） （工事契約会計基準9） 　役務の提供については，一定の契約に従い継続して役務の提供を行う場合，収益は時間の経過を基礎として認識する。 　工事契約に関しては，成果の確実性が認められる場合，工事進行基準を適用する。 　新収益認識会計基準の適用により，工事契約会計基準は廃止される。 　新収益認識会計基準において，IFRS第15号の内容を基礎とした定めが規定された。	（IFRS15. 35～37） 　履行義務が以下の要件のいずれかを満たす場合，収益は一定期間にわたり認識される。 • 企業が履行するにつれ，顧客がその履行による便益を受け取ると同時に費消する。 • 企業の履行により資産（例えば，仕掛品）が創出されるか，または増価し，それに応じて，顧客が当該資産を支配する。 • 企業の履行により企業にとって代替的な用途がある資産が創出されず，かつ，企業は現在までに完了した作業に対して支払いを受ける法的に強制可能な権利を有している。
進捗度の測定方法	工事契約を除き，進行基準により収益を認識することを一般的に定めた規定はない。 　工事契約について，契約にかかわる履行義務のうち，決算日までに遂行した部分の割合を合理的に反映する方法を用いて見積るとされ，原価比例法が例示されているが，契約内容により他の合理的な方法も認められる。 　新収益認識会計基準の適用により，工事契約会計基準は廃止される。 　新収益認識会計基準において，IFRS第15号の内容を基礎とした定めが規定された。	（IFRS15. 39） 　測定方法は自由に選択できるわけではなく，財またはサービスの支配を顧客に移転する際の企業の履行を適切に描写する方法を用いる。

	日本基準	IFRS
一定期間にわたり充定される履行義務－進捗度を合理的に見積れない場合	（工事契約会計基準9） 　工事契約を除き，該当する規定はない。 　工事契約については，工事完成基準を適用する。 　新収益認識会計基準の適用により，工事契約会計基準は廃止される。 　新収益認識会計基準において，IFRS第15号の内容を基礎とした定めが規定された。	（IFRS15. 45） 　発生コストが回収できると見込む場合には，発生コストを限度として収益を認識する。
一定期間にわたり充定される履行義務－事後的に進捗度を合理的に見積れるようになった場合	（工事契約適用指針3, 14） 　工事契約を除き，該当する規定はない。 　工事契約については，事後的な成果の確実性の獲得のみをもって工事進行基準への変更は行わない。ただし，本来工事着手時に決定しておくべき事項が事後的に決定された場合を除く。 　新収益認識会計基準の適用により，工事契約適用指針は廃止される。 　新収益認識会計基準において，IFRS第15号の内容を基礎とした定めが規定された。	（IFRS15. 45） 　履行義務の結果を合理的に測定できるようになった時点から，進捗度を適用して収益を認識する。
一時点で充定される履行義務	上記「収益認識のタイミング」を参照。物品の販売については，実現は販売時に達成されるものとして適用される。 　新収益認識会計基準の適用により，工事契約会計基準は廃止される。 　新収益認識会計基準において，	（IFRS15. 38） 　一定期間にわたり充定される履行義務に該当しない場合には，収益はある一時点で認識される。 　顧客が財またはサービスの支配を獲得した時点を決定するに際し，上記の資産の概念に加え，以下の支配の移転に関する指標

	日本基準	IFRS
	IFRS第15号の内容を基礎とした定めが規定された。	も考慮する。 • 支払いを受ける現在の権利 • 資産の法的所有権 • 資産の物理的占有 • 資産の所有に伴う重要なリスクと経済価値 • 顧客による資産の検収
買戻条件付の販売契約	一般的に定めた規定はなかった。 新収益認識会計基準において，IFRS第15号の内容を基礎とした定めが規定された。	(IFRS15. B64〜B76) 　買戻契約を3つの種類（先渡契約，コール・オプションまたはプット・オプション）に区分した上で，当初販売価格と買戻価格との関係や売手が権利行使する重要な経済的インセンティブの有無などの評価に基づき，これら契約の実態に応じて，返品権付き販売取引，リース取引または金融取引として処理する。
返還不能の前払手数料	一般的に定めた規定はなかった。 新収益認識会計基準において，IFRS第15号の内容を基礎とした定めが規定された。	(IFRS15. B49) 　前払手数料が契約を履行するために必要となる活動に関連するものの，それにより財またはサービスが顧客に移転されない場合，将来に財またはサービスが提供されたときに収益を認識する。
権利不行使	一般的に定めた規定はなかった。 新収益認識会計基準において，IFRS第15号の内容を基礎とした定めが規定された。	(IFRS15. B46) 　権利不行使部分の金額に対する権利を得ると見込む場合，当該金額は顧客による権利行使のパターンに応じて収益として認識される一方，見込めない場合は，顧客がその権利を行使する可能性がほとんどなくなった時点で認識される。

	日本基準	IFRS
知的財産のライセンス	一般的に定めた規定はなかった。 新収益認識会計基準において，IFRS第15号の内容を基礎とした定めが規定された。	（IFRS15. B57～B61） 　主として顧客が権利を有する知的財産に重要な影響を及ぼす活動を企業が実施するか否かに基づき，使用権として一時点で収益を認識する，またはアクセス権として一定期間にわたり収益を認識する。
契約獲得コスト	一般的に定めた規定はなかった。 新収益認識会計基準において，IFRS第15号の内容を基礎とした定めが規定された。	（IFRS15. 91） 　契約獲得のための増分コストは，回収が見込まれる場合，資産計上し，関連する財またはサービスの顧客への移転に合わせて規則的に償却するとともに，減損テストの対象になる。
契約履行コスト	一般的に定めた規定はなかった。 新収益認識会計基準において，IFRS第15号の内容を基礎とした定めが規定された。	（IFRS15. 95） 　契約履行コストが，他の基準の適用範囲に含まれない場合には，以下の要件をすべて満たすときに限り，資産化する。 ●契約または特定の予想される契約に直接関連する。 ●将来において履行義務の充足に使用される企業の資源を創出するか，または増価する。 ●回収が見込まれる。 　資産化されたコストは，関連する財またはサービスの顧客への移転に合わせて規則的に償却するとともに，減損テストの対象となる。

2 **Keyword**

あ

アプリケーションソフトウェア

ソフトウェアの分類のうち，特定の作業を行うために利用するソフトウェアの総称。オペレーティングシステム（基本ソフトウェア，OS）と対比される概念・範疇でもあり，応用ソフトウェアなどと呼ばれることもある。OS上でアプリケーションソフトウェアを動作させることで，ユーザーは目的に対応した作業を行うことが可能となる。アプリケーションソフトウェアとしては，表計算や分析を行うための表計算ソフト，電子メールの送受信ソフト（メーラー），プレゼンを行うためのプレゼンテーションソフト，文書を作成するために用いるワープロソフト，データを多数格納するデータベースソフトなどが身近な例として挙げられる。

現在のコンピュータシステムは，オペレーティングシステムとアプリケーションシステムの単純な組み合わせのみで動作しているわけではなく，その中間的な存在として両者の橋渡しを行いつつ，特定動作の共有化を図るミドルウェア，特定の少数の機能の追加や設定変更などのみを目的としたユーティリティソフトウェアなどが周辺のソフトウェアとして存在している。また，近時では，従来のパソコン上のアプリケーションソフトウェアとの対比の概念として，Webアプリケーションと呼ばれる概念も登場しており，アプリケーションソフトウェアという言葉の意味合いは以前にも増して定義しづらい概念となってきている。

ERPソフトウェア（ERPパッケージ）

ERP（Enterprise Resource Planning）とは，購買，生産，物流，販売，マーケティング，財務，経理，人事，総務，研究開発などの企業全体の活動を経営資源の有効活用の観点から統合的に管理し，経営を効率化する手法を指す。この手法を実現させる業務横断的なツールとして開発されたものがERPソフトウェアまたはERPパッケージと呼ばれるソフトウェアパッケージである。

当初は海外メーカーの製品が多国籍企業などの大規模な企業で導入されるケースがほとんどであったが，その後日本メーカーによるERPパッケージの開発が進んだこともあり，現在では中堅企業以下，企業規模にかかわらず導入例が増えている。実際の導入にあたっては，業務のプロセスの標準化などの作業がないと効率化に寄与しないため，標準的なERPソフトウェアの仕様を軸に現行の業務処理手順を改善していくか，現状を踏まえてパッケージをカスタマイズするか，といった相反する動きを合理的に高次でバランスさせることが肝要となる。

一括償却資産

　法人税法上，減価償却資産のうち，取得価額が20万円未満のものを事業の用に供した場合には，その減価償却資産の取得価額の合計額を一括して，当該事業年度以降の費用または損失額を算定する基礎とする方法を選定することができる。この場合，一括計算の基礎となった減価償却資産のことを一括償却資産という。

　一括償却資産の損金算入限度額は，事業の用に供された事業年度ごとに，その取得価額の合計額を36か月で除しこれに当該事業年度の月数を乗じて算定される（法令133の２Ⅰ）。

　取得価額が20万円未満か否かの判定にあたっては，通常取引されるその単位，例えば機械および装置については１台または１基ごとに，工具，器具および備品については１個，１組または１そろいごとに判定し，構築物のうち，例えばまくら木，電柱等単体では機能を発揮できないものについては１つの工事ごとに判定することになる（法基通７－１－11）。

ASP

　ASP（エーエスピー）とはApplication Service Providerの略で，アプリケーションソフトをインターネットなどの回線を通じて顧客にレンタルするサービス，あるいはその提供事業者そのものを指す。小規模な事業者がこのサービスを利用する場合には，単独でシステムを構築するよりも安価に導入・運用管理ができる場合がある。最近では，SaaS（サースあるいはサーズ）と呼ばれる類似の概念も登場しているが，いずれにせよアプリケーションソフトおよびそれに必要なインフラを自社で用意しない点にその特徴がある。

SES（システムエンジニアリングサービス）契約

　SES契約とは，委託契約の一種で，請負契約等によりソフトウェアそのものを提供するのではなく，その開発に必要なエンジニアの能力・作業を提供する委託契約である。計画や進捗管理など，プロジェクトマネジメントを委託側である顧客側で行う点で，請負契約や委任契約とは異なるものとなるが，ソフトウェア会計上はその実質に基づいて受注制作のソフトウェアとするかどうかを検討する必要が生じる。

　なお，昨今，労働法関連の面でSES契約が偽装請負，実質派遣として摘発されるケースがみられる。この点，会計面のみならず労務面でも注意が必要である。

オペレーティングシステム

　多くのアプリケーションソフトが利用する基本機能を提供しつつ，アプリケーションソフトの実行を管理したり，周辺機器とコンピュータ本体とのデータのやり取りを仲介するなど，コンピュータシステム全体を管理するソフトウェア。ソフトとハードを仲介する機能をもち，基本ソフトウェア，あるいはOS（オーエス）とも呼ばれる。

ハードの構成の違いをこのオペレーティングシステムが吸収してくれるため，多くの場合，アプリケーションソフトは動作させるにあたり，オペレーティングシステムの違いだけを意識すればよく，ハードの構成を意識したプログラミングから原則的に解放されることになる。

か

開発プロセスモデル

ソフトウェアの開発においては，その開発作業手順がいくつかのモデルとして理論的に提案されている。ソフトウェアの開発プロセスのモデルとしては，以下のようなものが知られている。

① ウォーターフォール・モデル

開発作業全体をいくつかの工程に分割し，各工程ごとに成果物を定義，その成果物が完成しない限り次の工程に進めないとするモデルである。

② プロトタイピング・モデル

試作品（プロトタイプ）を開発初期の段階でユーザーに利用してもらい，ユーザーの要求が具体的に反映されたか否か確認しながら開発を進めるモデルである。比較的小規模な開発に向いているとされる。

③ スパイラル・モデル

主要な機能のみを最初に作成し，その後は分析・設計・コーディング・テストの各工程を小刻みに繰り返しながら全体の工程を進めていく開発モデル。ウォーターフォールやプロトタイピングの折衷的な要素を含んでいる。

研究開発費等会計基準では，ウォーターフォール・モデルやプロトタイピング・モデルのような開発手順を想定していると考えられるが，各企業での開発環境はさまざまであり，かつ複雑な開発工程を経るものも多いため，研究開発の範囲の確定や資産計上のタイミングなど，各企業の開発の実情を十分に検討した上で会計処理の適用を行う必要がある。

カスタマイズ

カスタマイズとは一般にパソコンやソフトの設定を，ユーザーの好みや使用方法により変更することをいう。

企業内においては，業務用のアプリケーションソフトをその企業の業務形態に合うように設定変更してインストールするなどの行為がカスタマイズの例であるといえる。

機能維持費用

ソフトメーカーにおいて，まったくバグのないプログラムを作成することは不可能といわれているが，プログラムを作成した開発者が，まったく想定していなかった使い方をしたことでバグが発見される場合もある。この場合，ソフトメーカーの多くは無料でバージョンアップやプログラムの一部差替えなどの処置ある

いは，軽微なバグの場合は，それを修復するためのプログラムをインターネットなどを通じて配布することが多くあるが，これらにかかる費用を機能維持費用という。また，コンピュータシステムの安定稼働を確保するためには，コンピュータが要求する付帯設備の条件を維持するための保守が重要であるが，これらの保守費用もハード面での機能維持費用ということになる。

機能評価版（β版）

　ソフトウェアの製品出荷前の試作版のことをいうが，特にその中でも製品版の直前段階のものを指し，「評価版」として関係者や一部のユーザーに対して配布されるものである。ソフトウェアの開発メーカーでは多くの時間をバグの除去に充てるが，その最終段階の手法の1つとしてβ版の配布とそれによるユーザーからのバグの指摘，ソフトウェアへのフィードバックを行う。

　そのため，完成版に近いものであるとはいえ，バグが含まれる可能性や，それによりシステムに影響を与える可能性は含まれているため，テストするユーザーは注意が必要である。

繰延資産

　繰延資産とは，すでに代価の支払いが完了し，または支払義務が確定し，これに対応する役務の提供を受けたにもかかわらず，その効果が将来にわたって発現すると期待されることから，支出時の費用とせずに，将来の費用とするために繰り延べられた貸借対照表の借方項目である。

　繰延資産はすでに役務の提供を受けていることから，発生主義によれば費用計上されるものであるが，その効果の発現が将来の収益獲得に貢献することから，将来の費用とするために資産として繰り延べたものである。

減損会計

　減損会計とは，固定資産の収益性が低下し，当該投資額の回収が見込めなくなった状態（固定資産の減損の発生）に陥った場合に，回収可能価額まで当該固定資産の帳簿価額を減額する会計処理をいう。

　減損会計は，我が国では減損会計基準および減損会計適用指針により，平成17年4月1日以後開始する事業年度から全面導入されている。

　これによれば，まず，資産または資産グループに減損が生じている可能性を示す事象（減損の兆候）がある場合には，当該資産または資産グループについて，減損損失を認識するかどうかの判定を行う。当該判定は，資産または資産グループから得られる割引前将来キャッシュ・フローの総額と帳簿価額とを比較することによって行い，資産または資産グループから得られる割引前将来キャッシュ・フローの総額が帳簿価額を下回る場合には，減損損失を認識すべきであるということになる。減損損失を認識すべきであると判定された資産または資産グループについては，帳簿価額を回収可能価額まで減額し，当該減少額を減損損失として

当期の損失とすることが必要になる。

　ここで回収可能価額とは，資産または資産グループの正味売却価額（資産または資産グループの時価から処分費用見込額を控除して算定される金額）と使用価値（資産または資産グループの継続的使用と使用後の処分によって生ずると見込まれる将来キャッシュ・フローの現在価値）のいずれか高いほうの金額をいう。

　なお，市場販売目的のソフトウェアの会計処理において，毎期販売数量等の見直しを行い，減少が見込まれる販売数量等に相当する取得原価は費用または損失として処理しなければならないとされている（研究開発費等会計基準注解5）が，これは減損の考えが取り入れられたものといえる。

コーディング

　プログラムのソースコード（プログラミング言語を用いて記述されるソフトウェアの設計図）を，プログラミング言語を用いて記述する作業のことである。仕様書やフローチャートなど，抽象的な設計文章についてプログラミング言語を用いて具体的なソースコードへ落とし込んでいく記述作業がこれに該当する。

個別原価計算

　個別原価計算とは，得意先からの注文を受けて，または受けないで，種類または規格を異にする製品または用役（以下「製品」という）を個別的にあらかじめ指定された数量だけ生産する場合，特定のロットまたは製品単位ごとに個別的に原価を計算する必要がある場合等に適用される計算手法である。

　個別原価計算にあっては，特定製造指図書について個別的に直接費および間接費を集計し，製品原価は，これを当該指図書に含まれる製品の生産完了時に算定されることになる。

　ソフトウェア制作および建設業や特殊規格の機械・装置・金型等の製造業，船舶・飛行機・鉄道車両等の製造業などに適用されている。

コンテンツ（デジタルコンテンツ）

　ソフトウェアがコンピュータに一定の仕事を行わせるためのプログラム等であるのに対して，コンテンツとはその処理対象となる情報の内容をいう。コンテンツの例としては，データベースソフトウェアが処理対象とするデータや，映像・音楽ソフトウェアが処理対象とする画像・音楽データ等が挙げられる。その他，最近ではニュース，小説，マンガ，動画など，さまざまなものがデジタル化されると同時に「コンテンツ」として市場で認知度を高めている。

　研究開発費等実務指針では，ソフトウェアとコンテンツとは別個の経済価値をもつものと考え，またそれぞれの会計慣行があることから，ソフトウェアにコンテンツを含めないことを明らかにしている。したがって，ソフトウェアとコンテンツは，原則として別個のものとして会計処理することになる。しかし，ゲームソフトなどソフトウェアとコンテンツが経済的，機能的に一体不可分と認められ

るような場合には，両者を一体として取り扱うことも認めている。コンテンツは，その性格に応じて関連する会計処理慣行に準じて処理すべきものと考えられる。

さ

SaaS

　SaaS（サースあるいはサーズ）とは，Software as a Serviceの略で，特定の事業者が，自らの所有するソフトウェアについて，ユーザーがネットワーク経由でそれを利用するサービスである。大きな意味ではサービスとしてのASPサービスと同義であるが，それに加えて，マルチテナント性（必要なインフラであるサーバー，データベースなどを他のユーザーと共用できること），簡易なカスタマイズ性（コーディングなどを必要とせずに個々のユーザーがそれぞれの必要な機能のみをサービスとして受用できること）など，いくつかの要素が必要であるとされる。しかし，会計実務上はSaaSとASPを分ける意味は多くの場合，それほど大きくない。どちらもソフトウェアやそれに必要なハード機器等を自社で保有せずサービスとして購入するという点で共通している。

残存有効期間

　研究開発費等会計基準および研究開発費等実務指針においては，残存有効期間そのものの定義はないが，この用語が用いられている箇所が市場販売目的のソフトウェアに関する箇所に限られていることから，一定時点において将来に向かって残されている販売可能な有効期間を示しているものと考えられる。なお，市場販売目的のソフトウェアに関して，当初における販売可能な有効期間の見積りは，研究開発費等実務指針において3年以内の年数とされ，3年を超える年数とするときには，合理的な根拠に基づくことが必要であるとされている。また，市場販売目的のソフトウェアの見込有効期間は重要な会計方針の構成要素として開示が求められている。

システムエンジニアリングサービス契約

　SES契約参照。

システム仕様書

　一般にシステムの仕様の概要や明細を記した書類の総称。システム機能仕様書，データ要求仕様書，サブシステム仕様書，ファイル仕様書，データベース仕様書，プログラム仕様書，テスト計画仕様書など，その目的，作成される（開発）段階，様式，内容は多岐に及ぶ。システム仕様書においては，作成目的を明確にすること，システムにかかわるすべての人々の共通理解が得られるものであることが肝要である。

　なお，会計基準においては，システム仕様書は，フローチャート等と同じくソフトウェアの範囲に含まれる。

システム設計

コンピュータシステムを構築する，またはソフトウェアを開発する過程で，結果としてのシステムが達成すべき目的や仕様，動作などを決める作業をいう。厳密な意味でのシステム設計の範囲についてはさまざまな考え方があり，外部設計および内部設計のみをシステム設計とする考え方，要件定義など前後の過程を含めてシステム設計とする考え方など，個々の企業においてその範囲が違うことがあるため，会計処理のために工程を認識する際には注意が必要である。

実証プラント（パイロットプラント）

実証プラント（パイロットプラント）とは，基礎研究の段階を経て，ある製品の商品化および量産化をするために，製品の品質や生産方法などについて実験を行うための試験用工場をいう。

最近では，エネルギー関連およびリサイクル関連に実証プラントの実例が見受けられる。例えば，エネルギー関連では，燃料電池（水素と空気中の酸素を反応させることによって電気を取り出すシステム）の実証プラントや海水揚水発電技術実証プラントが，リサイクル関連では，家電リサイクル実証プラントや廃棄物再資源化実証プラントが実際に稼働している。

実証プラントは，研究用工場であり，そこでの活動はすべて研究開発活動と考えられるため，使用される機械設備等は将来の生産設備として使用される可能性の有無にかかわらず，すべて研究開発費として処理されることになると考えられる。

少額減価償却資産

通常，減価償却資産のうち，その使用可能期間が1年未満であるものやその取得価額が10万円未満のものをいう。法人税法では，これらのものについて，その事業の用に供した日の属する事業年度に損金経理をしたときは，その損金経理をした金額について損金算入することを認めている（法令133, 132①）。

取得価額が10万円未満か否かの判定にあたっては，通常取引されるその単位，例えば機械および装置については1台または1基ごとに，工具，器具および備品については1個，1組または1そろいごとに判定し，構築物のうち，例えばまくら木，電柱等単体では機能を発揮できないものについては一の工事等ごとに判定することになる（法基通7－1－11）。

製品マスター

研究開発費等会計基準においては，製品マスターは，開発されたソフトウェアの原版をいう。機能評価版（β版）に対してバグ取り，機能強化を行うことによりプロトタイプが制作され，その後，試用による評価や機能強化を図り，製品マスターが完成することとなる。

た

直接費・間接費

　製品との関連において原価を分類すると，直接費と間接費に分類される。経営管理目的，原価管理目的から，製品の生成における原価発生態様に基づいて，両者は区別される。

　直接費とは，製品の製造または販売のために直接消費されたことを認識することができ，原価集計上，製品に直接賦課することができる原価要素である。一方，間接費とは，直接費とは異なり，製品の製造または販売のために直接消費されたことが確認できず，原価集計上，特定の基準に従い配賦計算を必要とする原価要素である。

通信ソフトウェア

　広義にはデータをやり取りするソフトウェア全般を指すが，研究開発費等会計基準においては，明確な定義こそないものの，通信事業者などが情報通信や放送といったデータ伝送を行うためのサービス提供と対価の受領を目的とした比較的大規模なソフトウェアを指す。

は

バグ

　バグとは，コンピュータプログラムに含まれる誤りや不具合のことをいう。多くのプログラミングのプロセスにおいては，バグの発生は防ぎることは難しいとされている。そのため，バグを取り除く作業（デバッグ）は開発プロセスの中でも非常に重要なプロセスの１つとして位置付けられる。

パッケージソフトウェア

　店頭，インターネットを含む通信販売など，流通・販売形態やメディアを問わず，パッケージに収められた，市場で販売されるソフトウェアのこと。無料，低廉のソフトウェアの場合，フリーウェア，シェアウェアなどと呼ばれるものもある。特定ユーザーの要求に従って開発するソフトウェアは，受注制作のソフトウェアであり，オーダーメードソフトウェアとも呼ばれ，それに対比されるものがパッケージソフトウェアともいえる。ほとんどのパソコン向けソフトウェアやERPソフトウェアが，パッケージソフトウェアの例といえる。

複合取引

　ソフトウェアの仕様許諾販売や開発請負契約だけでなく，これに付随するさまざまな保守サービス等を含んだ複合的な取引を行う場合が増えてきている。このような取引を一般的に複合取引と呼び，異なる種類の取引を同一の契約書等で締結しているものをいう。

部分完成基準

会計上のソフトウェア制作に係る収益認識基準とは異なり，法人税法上，長期請負工事に関する収益の計上基準の1つとして法人税基本通達で定められているもの。法人税基本通達2−1−9によれば，法人が請け負った建設工事等について，以下のような事実がある場合には，その建設工事等の全部が完成しないときにおいても，その事業年度において引き渡した建設工事等の量または完成した部分に対応する工事収入をその事業年度の益金の額に算入することとされている。ただし，長期大規模工事で工事進行基準が強制される場合，および長期大規模工事以外の請負工事で工事進行基準を採用している場合を除く。

① 1つの契約によって同種の建設工事等を多量に請け負ったような場合で，その引渡量に従って工事代金を収入する旨の特約または慣習がある場合。

② 1個の建設工事等であっても，その建設工事等の一部が完成し，その完成した部分を引き渡したつど，その割合に応じて工事代金を収入する旨の特約または慣習がある場合。

なお，部分完成基準は選択適用ではなく，上記要件を満たしている場合には税務上強制適用となるので注意が必要。

プラットフォーム

アプリケーションソフトウェアを動作させる際に，その基盤となるOSの種類や環境，設定のことをいう。アプリケーションソフトは，動作可能なプラットフォームが決まっており，異なるプラットフォームの上では動作しない。例えば，「Windowsプラットフォーム」という環境下においては，Mac OSプラットフォーム向けソフトウェアは動作しない。

プロトタイプ

プロトタイプとは，製品の原型や試作品一般を指す。研究開発費等会計基準においてはソフトウェアの原版が完成する前の試作品段階のものをいう。一般的にはソフトウェアのプロトタイプは「α版」,「β版」といった呼び名で呼ぶ。

ら

ライセンス販売

ソフト会社等が自社で著作権を有しているソフトウェア等を使用する権利をユーザーに与える契約。

フリーウェア等（インターネット上等で無料で使用できるソフトウェア）を除くパッケージソフトについては必ずメーカーとユーザー間で使用許諾契約が締結される。市販のパッケージを購入した場合，一般的にはソフトウェアのパッケージを開梱することによってユーザーは許諾条件を認めたこととなる。また，この場合，通常は1本のソフトウェアに対して1台のパソコンでのみ使用が認められ，複数のパソコンにインストールして使用することは違法行為となる。ただし，企

業等でソフトウェアを複数のパソコンにインストールして使用する場合も少なくなく，この場合には1台ごと，あるいはユーザー数1人当たり，といった形式でのライセンス契約が行われる。

LAN

　ローカルエリアネットワーク（Local Area Network）の略称で，同軸ケーブルや光ファイバーなどを使ってオフィス内等の限られた範囲の複数のコンピュータやプリンタ等の機器同士を接続し，データをやり取りするネットワークシステムのことを指す。接続形式によって，スター型，リング型，バス型などがある。また，ネットワーク内のコンピュータの上下関係の有無から，ピアツーピア型とクライアントサーバー型にも分けられる。

　接続形態等によって多少違いはあるものの，一般的にLANは以下のような機器やソフトによって構成されている。

① サーバー：コンピュータネットワークの管理，LAN上で共有するソフトやデータの保存等に使用されるコンピュータ。

② ネットワークオペレーションシステム：ネットワークでパソコンやプリンタが円滑に作動するように制御する基本プログラム（OS）。現在では多くのOSがネットワークOSとしての機能を最初から有している。

③ アプリケーションソフト：基本プログラム（OS）上で作動する表計算ソフト・ワープロソフト等のこと。

④ ハブ：ネットワーク上の各機器からの配線を集めて各機器を接続する装置のこと。

⑤ ルーター：複数のネットワーク同士を接続するための装置。ネットワークの分岐点に設置してLAN上の情報の制御を行う。

⑥ リピーター：ネットワークケーブル同士を接続する装置。信号はケーブルを伝わると徐々に弱くなるため，リピーターは信号を増幅してノイズ等を減らす役割がある。

⑦ LANボード：LANを構築するときに利用するコンピュータ側のインターフェースのこと。現在では多くのコンピュータで最初から基盤に内蔵されているが，サーバーなどでは拡張ボードとして追加することもある。

⑧ LANケーブル：LANを構成する機器類を接続するケーブルのことで，対応する速度に応じてカテゴリ5，カテゴリ6などの規格が存在する。

【参考文献】

新日本有限責任監査法人編『研究開発費・ソフトウェア会計の実務（会計実務ライブラリー）』（中央経済社，2010年）

新日本有限責任監査法人 受注制作ソフトウェア産業研究会編著『Q&A ソフトウェア業の会計実務—工事進行基準対応』（清文社，2009年）

太陽ASG監査法人編『ソフトウェアビジネスの会計実務』（中央経済社，2008年）

有限責任監査法人トーマツ編『ソフトウェア取引の会計・税務 Q&A（第2版）』（中央経済社，2014年）

【執筆者紹介】

関谷　洋二

公認会計士。第4事業部に所属。
製造業，不動産業，ソフトウェア業，独立行政法人等のパブリックセクターの監査および上場支援業務に従事。
共著に，『研究開発費・ソフトウェア会計の実務（会計実務ライブラリー)』（中央経済社）がある。

堀場　雅史

公認会計士。第2事業部に所属。
インターネット・ソフトウェア企業や外食産業を中心とした国内上場企業の監査および上場支援業務に従事。

隅内　崇史

公認会計士。第2事業部に所属。
大手商社や外資系日本企業の監査およびIFRS対応業務を経て現在はソフトウェア業を中心とした監査業務に従事。決算早期化支援等の非監査業務にも関与。

田野口　浩太

公認会計士。第5事業部に所属。
ソフトウェア業,不動産業を中心にサービス業,卸売業の監査や上場支援業務に従事。共著に，『会社法決算書の読み方・作り方（第13版)』（中央経済社）がある。

永井　陽介

公認会計士。第2事業部に所属。
ソフトウェア業を中心に，製造業の監査，上場支援業務や内部統制助言業務等に従事。

現場の疑問に答える会計シリーズ・4

Q&A 研究開発費・ソフトウェアの会計実務

2019年 8 月25日　第 1 版第 1 刷発行
2024年12月20日　第 1 版第10刷発行

編　者　EY新日本有限責任監査法人
発行者　山　　本　　　　継
発行所　㈱ 中 央 経 済 社
発売元　㈱中央経済グループ
　　　　パ ブ リ ッ シ ン グ

〒101-0051　東京都千代田区神田神保町1-35
電話　03 (3293) 3371(編集代表)
　　　03 (3293) 3381(営業代表)
https://www.chuokeizai.co.jp
製版／文唱堂印刷㈱
印刷・製本／㈱デジタルパブリッシングサービス

© 2019 Ernst & Young ShinNihon LLC.
All Rights Reserved.
Printed in Japan